白龙江畔述核情

——纪念八二一建厂50周年文集

中核四川环保工程有限责任公司 编

中国原子能出版社
China Atomic Energy Press

图书在版编目（C I P）数据

白龙江畔述核情．纪念八二一建厂50周年文集／中核四川环保工程有限责任公司编．--北京：中国原子能出版社，2019.10

ISBN 978-7-5221-0012-8

Ⅰ．①白… Ⅱ．①中… Ⅲ．①原子能工业—工业企业—中国—文集 Ⅳ．①F426.23

中国版本图书馆CIP数据核字（2019）第196548号

白龙江畔述核情．纪念八二一建厂50周年文集

出版发行	中国原子能出版社（北京市海淀区阜成路43号　100048）
责任编辑	王　丹
责任校对	冯莲凤
责任印制	潘玉玲
印　　刷	河北文盛印刷有限公司
开　　本	710 mm×1000 mm　1/16
印　　张	16.5
字　　数	212千字
版　　次	2019年10月第1版　　2019年10月第1次印刷
书　　号	ISBN 978-7-5221-0012-8　　定　价　50.00元

网址：http://www.aep.com.cn　　E-mail：atomep123@126.com

发行电话：010-68452845

编委会

序

十月秋色，染成了收获的季节。

50 年前的 10 月，在川北的大山深处，迎来了一片火红的岁月。为了共和国的强大、民族的振兴，来自全国各地、五湖四海的三线抢建者们响应祖国的一声召唤，长途跋涉、千里迢迢奔赴大西南，住席棚点油灯、三块石头搭锅灶、酸菜萝卜就米饭，开山辟路修公路、人拉肩扛运设备、白天黑夜连轴转……

仅仅 50 个月的时间，一座军用核材料基地在这里拔地而起！创造了那个年代的“深圳速度”，扬国威、壮军威，在共和国的版图上书写了又一个奇迹。

“如果 60 年代以来中国没有原子弹、氢弹，没有发射卫星，中国就不能叫有重要影响的大国。”邓小平的话诠释了核铸强国的真谛。李鹏同志十分感慨：没有八二一厂和四〇四厂这两个厂，就没有我们今天的国际地位。

在举国欢庆新中国成立 70 华诞之际，八二一走过了 50 载光荣岁月。半个世纪以来，我们不忘初心、牢记使命，确保安全、逐梦前行……昨天，我们“做隐姓埋名人、干惊天动地事”，为增强我国核威慑力、提升大国地位作出了历史贡献；今天，我们用智慧和汗水转型发展核环保、守护国家核安全，用实际行动践行“两弹一星”精神和“四个一切”的核工业精神。

站在50年发展的新起点，回望来路，历程艰辛、责任重大；憧憬未来，曙光在前、道阻且长。八二一人自力更生、顾全大局、艰苦奋斗、忠诚奉献的精神，不断凝聚着我们砥砺奋进的不竭动力。10年的奋斗，我们成功转型核环保产业，进入健康发展的新阶段。我们以攻坚克难的决心、敢于担当的勇气、主动作为的态度、务实奋斗的精神，建设了国内最为齐全的核设施退役治理体系，按照党中央、国务院的要求，确保了国家核安全“固若金汤、万无一失、长治久安”；以坚定不移的信心，“走出去、闯市场”，逐步成为核环保产业的先锋和主力军，开辟了核设施退役和放射性废物治理的新天地，在厚植产业报国的文化沃土中，朝着“国际一流、国内领先”的战略目标执着前行。

一部三线抢建的历史，也是一部展现八二一人家国情怀的记忆，更是一座不忘初心、牢记使命、砥砺奋进的丰碑！

谨以此文集纪念八二一建厂50周年，并作为一份特殊的礼物献给为了祖国核事业的所有奋斗者。

2019年10月

目　录

01

筚路蓝缕创伟业 三线建设铸丰碑

李 璐

面对美苏核讹诈 决策抢建八二一

20世纪60年代，面对美苏的核讹诈，中央决定在三线抢建一套军用核材料生产基地。

1968年10月26日，二机部李觉副部长带队中国核工业第二二建设有限公司（以下简称“22公司”）、中国核工业第二三建设有限公司（以下简称“23公司”）、核工业第二研究设计院（以下简称“核二院”）等，历时26天，8处实地踏勘，选址三堆平溪河两岸。1969年2月25日，国务院国防工办批准八二一选址。3月6日，二机部召开“部署抢建八二一工程”会议。

1969年3月，珍宝岛战争爆发，苏联军方强硬主张对中国重要的政治军事目标进行核轰炸，“一劳永逸地消除中国威胁”。对苏联援建四〇四厂，扬言实施外科手术式打击。

1969年5月30日，周恩来总理签发中共中央、中央文革、国务院、中央军委《关于抢建八二一工程的联合通知》(357密电)。

6月6日，粟裕、余秋里组织中央10部委召开“抢建八二一工程”会议，确定了工程设计、施工等事项。

设计建设“三结合” 大胆创新结硕果

“三结合”设计抢时间。八二一工程抢建处于文革时期，边设计、边施工、边生产，拉开抢建序幕。

1969年8月15日，核二院、八二一厂、22公司、23公司等单位人员组成“三结合”设计队，在广元县嘉陵旅馆正式开展工程设计。前后300余人参与设计工作。八二一厂顾玉明等71名同志参加。1969—1975年，共出设计图82 455份、2 544 960张。

八二一工程计133个子项，建筑面积26万平方米。实际建成子项424个，建筑面积52万余平方米，总投资41 057万元。

大胆创新搞技改。八二一工程参照四〇四厂的设计，但设计建设没有生搬硬套，而是大胆创新、优化设计：

对反应堆本体结构、水力运输系统、回路系统、自控系统以及102、105A、112等子项进行200余项优化革新。

反应堆外壳由不锈钢改为碳钢，节约了大量投资。

反应堆厂房经论证，改造原接地系统，减少设计图纸340余张，加快了进度。

反应堆增加计算机系统，大大提高了安全性。

反应堆三回路由循环冷却改为直流冷却，设置两万吨安全事故水源。

后处理主厂房把4个子项合并，压缩3个柱距，节约数百万元。工作箱采用超声波去污洗涤新工艺，缩短了工序，节约了大量钢材、设备和上千万投资。

好人好马上三线 十里厂区忙抢建

军管会进驻现场。1969年5月15日，二机部批准成立八二一工程建设革命领导小组（1971年更名革委会），马正一为组长，杨唯青等3人为副组长。5月28日，成都军区和四川省革委派150师副师长张炳海为军管会主任，成立军管会，共同领导开展工程建设。革命领导小组下设政工组、生产组、后勤组、人保组，现场设821工程、822工程、201工程、204工程等分指挥组。

五湖四海来抢建。1969年6月25日，二机部作出“集结施工力量建设八二一的决定”，要求22公司、23公司、24公司、26公司等单位迅速把队伍转入八二一。1969年11月，四〇四厂1 735名职工拖家带口约五千人进入广元，分散住在白龙、虎跳、太公等地老乡家；原派给812、816的1966、1967、1968届大学生改派八二一；1969、1970届大学生1970年8月分配八二一，构成了技术基本力量。后来陆续补充退伍兵2 730名各类军转人员和850名知青学徒等人构成了八二一工程生产岗位基本力量。

征地移民保开工。1969年8月，广元县革委会副主任季清民任组长、马正一任副组长、工作人员36人开展征地移民。八二一工程征用土地9 348.79亩。1971年上半年完成移民247户1 086人，地方政府和群众给予了大力支持。参建单位用柴油机发电，临时变电所于1970年10月投运。在白龙江畔修建了临时水泵房，发动群众修通了平溪河沟 2.3 公里临时道路。

十月十日开山炮响。1969 年 10 月 10 日，工程现场召开誓师会。誓师大会没剪彩、没照相，放了一串鞭炮，用草绳进行了丈量，几十台挖掘机即刻开挖。1969 年 11 月，中央军委派出工程兵团现场作业，1 600 余官兵开山放炮、修路架桥。建公路 15.3 公里、架桥 4 座、修涵洞 95 个、挖土石方 23 万立方米。并肩作战的还有“川交”工程队、武汉航运工程局等多家单位。抢建大军以“革命加拼命”的精神，本着“早日建成八二一、让毛主席他老人家睡好觉”的朴素信念，昼夜奋战，十里厂区，3 万多人热火朝天。

四年建成反应堆。1969 年 11 月，“大坑”挖土会战开始，共挖土石 45 万余立方米，取得了会战胜利。在大坑底板浇注混凝土会战中，组织 888 人打人海战术，投入各类车辆 108 台，夜以继日，共浇注混凝土 5 904 立方米。经过冷试、热试，反应堆实现物理启动。在举国之力下，抢建者们用劳动、汗水还有生命的代价，仅用 50 个月抢建了我国第二套原子反应堆，在世界核工业史上绝无仅有，是六七十年代的“深圳速度”！实现了党中央、毛主席和全国人民的强军夙愿。

六年建成后处理。后处理工程 1970 年破土动工，主工艺厂房开挖，20 万立方米土石方只用了 63 天大会战全面告捷。01 地下室施工投入四个连队，600 人白天黑夜连轴转，顺利完成。冷试后，解决了 100 多项重大整治项目。经过热试整改，生产出了合格的军用产品，标志着八二一工程全面建成。“扬国威、壮军威”，为增强我国核威慑力、提高中国国际地位作出了历史性贡献！

先生产后生活 三线抢建苦也乐

1970 年初开始，近 5 000 名职工、家属分期分批进住三堆老乡的民房和自建的临建房、有的人家住老乡的草棚、猪圈、牛棚，自建炉灶，做饭用江水、烧木柴。“先生产、后生活”，建设者们刚开始自己动手建“干打垒”。按照二机部军管会“向低标准看齐，向大庆油田看齐，向人民公社看齐”的要求，质量标准半砖半篱笆双面抹泥，单身宿舍人均不大于 4 平方米，双职工人均 3.5 米 ^{2}/ 人。

建设中，男女老少齐上阵，靠自己的双手，肩扛人抬，架子车拉，运进建筑材料几百吨。以会战的方式抢修码头和便道、接水管和电线。到 1970 年国庆，修起 3 400 多平方米的临建房，国庆节后开始建设小二楼，1971 年试建家属楼，到 1971 年底，建成家属楼和单身楼 20 多栋、16 617 平方米。

1971 年 7 月 1 日，团结大桥通车；1972 年 9 月，生活水管线向生活区送水。小学于 1972 年 5 月、医院于 1973 年 6 月、中学于 1973 年 7 月相继建成。1978 年 7 月，天然气系统建成，解决了烧柴的困难。1979 年 10 月建成技校、1983 年建成职工之家。至此，占地面积 551.67 亩，建筑面积 23 万多平方米的“小山城”基本建成，留下了几代八二一人记忆中深深的烙印。

02

将军踏勘

黄大贵

当年，川北这深邃的峡谷里，终年云雾缭绕。波光粼粼的平溪河在山谷中拐过几道弯，一路哗啦啦直奔峡口，扑进了白龙江的怀抱。

1968 年的深秋时节，飞凤山下这片鹅卵石堆积的河滩上，一支勘察小分队的队员们，正在长满芭茅、刺藤的荆棘丛里艰难地行进，他们肩扛塔尺、测绘仪器等，一路前行，行走间，“扑愣愣”，山坡上突然飞起几只野鸡，青冈林子里，不时有黄羊出没觅食……

这支勘察小分队的头儿就是第二机械工业部副部长李觉将军。他接到周恩来总理的密令后，迅速率领这支小分队星夜离京，来到蜀北山区，为我国核工业三线建设的战略布局踏勘选址。这些天来，将军和小分队的队员们披荆斩棘、跋山涉水，沿着白龙江流域，先后对平溪河、沐浴坝、天皇院等八个地方进行了实地踏勘。此刻，他们又重返平溪河，对这一处所再进行最后的复测评估。

时近正午，一群悲秋的雁阵从他们头顶飞过。将军抬头望了望层峦叠

选址勘察

嶂的群峰，一锤定音：“靠山隐蔽的平溪河峡谷，真是一个好地方，每一道河弯的台地上，都可以摆放一座分厂，厂址就定在这儿！”

几天后，《关于八二一工程定址的请示报告》一式四份，分别送达解放军国防工业军事管制领导小组和国务院国防科技工业办公室，送到了粟裕将军和周恩来总理的案头。

周总理批示：“原则同意”。

不久，西南地质勘探局奉命派出一支人马，开进峡谷再次进行现场勘测。提交的各类地质资料认证确定：“平溪河沿岸地质完全符合建厂条件”。

次年五月底，周恩来总理征得毛泽东主席的同意，亲笔签发了中央军委的绝密电报，正式批准在平溪河峡谷以临战姿态迅速抢建八二一工程。同时指令成都军区选派一名师级干部组成军事管制委员会，对八二一工程建设实行军事管制。从此，一场具有划时代战略意义的

李觉将军

八二一工程大会战，在紧锣密鼓中拉开了抢建的序幕……

时光流转到1989年10月10日，八二一人迎来了建厂20周年。在那喜庆的日子里，当年带队踏勘定址的李觉将军来到厂里。沧桑更迭，物换星移，昔年英姿勃勃的李将军已是银须髯髯，当他目睹了八二一这一方沃土上春华秋实、水天焕彩的巨大变化时，不禁捻须盛赞："你们干得好哇，我当年来选址就说过，这儿是个好地方！"

（写于2004年）

03

军管会威镇“造反派”

段厚基

1969 年 4 月开始，陆续入川抢建的各单位人员，分别进驻川北山区几个点，如白龙江林业总库、宝轮中学、荣校、宝轮旅馆，以及临建的席棚、板房、帐篷。施工准备虽然艰苦，困难多，但总的来说，还比较顺畅。不过，当地一些所谓“造反派”却不断干扰，折腾得不安宁。

成都军区奉党中央命令，由 50 军 150 师派出了以张炳海副师长、魏树良副政委为首的军事管制委员会，于 5 月 28 日进入八二一现场，起到了无法代替的稳定与保障作用。

张炳海

6 月的一个夜晚，10 时许，居住在林业总库的我们突然听到宝轮街上杂乱的脚步声和吵闹声，随即看见五六个“造反派”小青年闯了进来，他们不说明事理，嘴里“咯老子”骂骂咧咧地；有的上身赤裸，戴着戏剧服唐僧帽；有的肩上斜背着子弹袋，手执棍棒大马刀，咋咋呼呼高叫“你们马上搬家，等一会儿打起来，你们的命老子不负责！”有的说“子弹没长眼，谁碰着谁倒霉！”。尽管很气愤，我们仍然坚守驻地不动，熄灭室内灯光，通过窗户向外观测，静观事态发展。“造反派”三番五次的窜来窜去，杂乱的脚步声忽重忽轻，折腾了一阵子见没人理睬，悻悻然扬长而去。

现场的施工设备，曾遇到过破坏和盗窃，停放的汽车后备胎被扒掉，工具被盗走，玻璃被破坏。施工队伍中有位杨应启主任，是一名在战争年代腿部负伤致残的老同志，拖着残疾的腿，四处寻找丢失物品，终于在白龙江总库对面的一家饭馆杂物堆放室找到了。当杨应启拿着丢失的物品返回时，遇见一名戴眼镜的小伙子问道“干啥子？”老杨强压怒火平静地说“拿回丢失的东西。”对方说“拿东西怎么不吭一声？”老杨怎么也压不住心头怒火了，厉声道“我拿回自己被偷的东西，还要向贼娃子报告吗？还要向小偷请示吗？真是岂有此理！”好心人劝这位“倔”老头别和他们一般见识，可老杨不信邪，吼道“日本鬼子、国民党我都不怕，我怕什么？”围上来的几个人，被老杨的正气所震慑、所压倒，没敢回应，溜到一边去了。

汽车运输还遇到过手拿石头砖块拦路要求搭车者。抢建任务很紧迫，岂能容许此类现象再发生。于是，军管会发出告示：凡是八二一工程的车辆、物资，任何人不得以任何形式抢夺、占有和破坏，违者必究！

在一个雷雨过后的下午，军管会主任张炳海把宝轮周围地区的“造反派”大小头目数十人，召集到宝轮荣校内，向他们宣讲抢建三线、备战备荒为人民的重大意义。八二一工程是党中央、毛主席、周总理亲自抓的战略工程，谁敢干扰？谁敢搅乱？循循善诱，晓以利害。开始台下的人还不时地交头接耳、窃窃私语。当这位身材魁梧的军官历数所谓“革命造反派”行为与表现后，大手一挥，像头暴怒的狮子，指着面前的头目们训斥道“你们年纪轻轻的，东游西逛，寻衅闹事，嘴上喊造反有理，究竟要造谁的反？理在何方？”

训斥加开导，理直气壮，字字掷地有声，激动之时，甚至瞪圆双眼吼了起来“你们的所作所为，搞武斗，是与党中央背道而驰的；干扰八二一抢建是有罪的。”随后又转缓了语气说“再不悬崖勒马胡闹下去对谁有好处？回去可以问一问你们的爹妈，他们允许你们胡作非为吗？”曾经不可一世的头头们一个个低下头、耷拉着脑袋。事后宝轮地区的“造反派”都知道，“军管会发怒了！”

为鼓舞抢建队伍士气，借纪念我党成立48周年时机，6月底的一个下午，组织现场职工在宝轮中学集中，进行一次大游行。千余人的队伍，浩浩荡荡排成4路纵队，在宝轮正街上摆起了“长龙阵”。壮观的声势、震天的口号、猎猎的红旗，在当地是史无前例的。宝轮街道两旁站满了观看的人群，可能他们没想到，怎么一下子冒出这么多人来，队伍整齐、气势雄壮，围观者不少人招手致意、鼓掌，有人说“队伍好威武、好巴适哟！”

之后，再没有人干扰八二一现场工程建设。

04

记忆中的“三结合”设计

万国璧

我是贫苦农民，1964 年大学毕业，服从组织分配到二机部四〇四厂。

1965 年，组织派我去北京 194 所实习，我系统学习了金属腐蚀及其防护的理论，在上海参加了“全国不锈钢和铝合金腐蚀”学术会议，奠定了研究腐蚀与防护的理论基础，后来和王玉珊、王洪喜共同研发了“缓蚀剂”在防护水箱中的运用。研究成果先后应用在 101、196、801、821 四大工程的防护水箱中，为核工业发展作出了贡献。

1969 年 7 月，我从四〇四厂调到四川参与抢建八二一工程，参加工程的“三结合”设计队。设计队设在广元县嘉陵宾馆。山区的冬天很冷，没有加热措施，晚上睡觉盖上厚被子还觉得冷。当时吃的是大米饭、水煮萝卜，设计队的人绝大多数是北方人，很不习惯，尤其吃粳米饭，胃很难受。当时，为了吃一碗面，还要上街去排队，设计队考虑到影响不好，不让我们排队买面条吃。

工程总是先有初步设计，再有施工设计，在工程建设实践中还要有大

设计、讨论

量的设计修改，当时没有可行性研究、可研报告，更没有可研报告评审等环节。为了“抢”，只好“边设计边施工边修改”。1969年10月10日，八二一工程破土动工，现场指挥部领导王新吾和张川同志一起，召集22公司与24公司等领导人、“三结合”设计队代表，共计几十个人到场。现场没有开工典礼的大标语，没有奠基石，更没有剪彩，也没人照相。现场连一盘皮尺都没有准备，是用一根草绳代替皮尺丈量，用石灰沿草绳画线，几个木头橛子定下方位；一串鞭炮划破飞凤山的沉寂，数十台挖土机就开始挖反应堆厂房大坑。

八二一工程生产前夕，发现大批量反应堆工艺管腐蚀，厂领导非常着急，部领导十分重视，部总工程师到了八二一厂，在一分厂召开了分析论证会。在讨论中，我说这种腐蚀是一种瘰疮腐蚀，罪魁祸首是氯离子以及氯离子与金属铝形成的可溶性物质氯化铝。后来的光谱分析和化学分析证明了我的判断的正确性。经查证，氯离子来自生产厂，生产厂所在地水中含有大量的氯化钾，氯离子在对阳极氧化后的工艺管进行沸水封闭时附着在工艺管上了。

堆物理启动前，必须进行一回路冲洗和全堆冲洗，并对一回路各项控制指标进行连续监测。在冲洗过程中，我们发现一回路氯离子升高，超过控制指标，其原因是法兰盘石棉盘根中氯离子超标。石棉盘根开始用的是吉林生产的，后改为上海生产的才合格了。

制水车间有一段时间生产出的水不合格，不得不大量更换离子交换树脂，基本上是3天一换。这种情况让大家十分焦急，既浪费人力物力，又不能解决问题。针对这种情况，我们对工号的水和水厂的水进行了分析，发现工号的水有大量的悬浮物，水厂的水中沉淀剂海藻酸钠大量超标，采用沉淀法和减量法解决了这一难题，生产出合格的水，保证反应堆的正常运行。

05

从西北戈壁到川北深山

杨成功

1969 年 10 月 24 日，四〇四厂军管会政法组组长蒋亚南，在保卫处干部会上传达上级指示，他严肃地说：“目前中苏关系紧张，苏联在中苏、中蒙边境陈兵百万，对我国虎视眈眈。苏联修正主义（简称苏修）的导弹已对准我四〇四厂。为防止苏修对我国核工业实施打击，四〇四厂除留部分人员坚持生产外，将抽调一些人员，到八一四厂、八一六厂。同时按基建、生产、生活配套要求，组织人员到四川抢建八二一工程。”因情况非常紧急，要求在 3 天之内完成转移队伍的组建工作。

11 月 5 日晚 8 点，总厂在红楼召开了转移工作干部会。会后，分配去八一四厂、八一六厂的人随即被安排出发。调往八二一厂的人员，千余人编成一个大队，组编为 12 个连队，由范洪增任大队长，杨玉明任副大队长，魏克忠任教导员。

公安、保卫和厂职工医院组成第 12 连，韩福林为连长、马文岐为副连长，我被任命为指导员。下设3个排，同时成立了临时党、团支部，并组建了炊事班。

1969年11月23日晚，兰州军区军用专列缓缓驶进了总厂生活区的福中站。厂军管会、厂革委会的工作人员和大队、各连的干部组织队伍上车。几乎在同一时间，前来送行的人也纷纷涌上站台，一眼望去，站台上满是人，似乎送行的人比要走的人还要多。虽然已经有些寒气袭人，但是人们的情绪却非常高涨，互相勉励、互相嘱托，表达彼此之间的关切和牵挂，场面十分感人。

8时整，大队长范洪增登上列车顶，发表了热情洋溢的告别讲话，车上车下群情激昂，一片沸腾。在各个连队清点完人数并向大队部报告完毕后，汽笛声响起，列车徐徐开动，向低窝铺兰新铁路驶去。在车上实行统一的作息制度：上午9点至10点，为“天天读”时间，学习“老三篇”；下午3点至4点为“大批判”时间，学习有关文章，批判无政府主义；晚上7点至8点为讲评、总结时间，表彰好人好事。同时，上午10点，下午6点，为各连向大队部汇报工作时间。其他如就餐、饮水、安全、保密以及沿途停靠站等，都有严格的要求和规定。这样，虽然一节车厢里老老少少几十个家庭，大家都能自觉地遵守和维护各项规定，车厢里欢声笑语、秩序井然。每到一个大站，连队干部都还要清点人数，强调纪律和注意事项，防止有人掉队。

经过50多个小时，专列于11月27日的凌晨2点到达川北深山某车站。

时已深夜，考虑到该地区不久前曾发生过武斗，当地社会情况复杂，大队部要求全体人员留在火车上待命。为表示谢意，还向专列全体乘务员赠送了毛主席像章。

当夜，现场指挥部领导杨唯青、军代表李震、行政后勤组负责人李曙光等同志登上列车，到各个车厢看望大家，向大队部传达了指挥部的决定：因现场条件有限，全体人员只能暂时分散安置到山区一些乡镇待命。随后大队部召开了指导员、连长会议，李震、李曙光同志分别就具体安排和部署作了说明。

27日早6时，各连分头集合队伍，7时启程前往各自的安置地点。大队部设在卫子区，其他各连分别在柳桥、虎跳、太公、王家等区镇。这样全大队分乘几十辆解放牌卡车，以连为单位编组，各连队头车上插一面红旗为标志，从火车站出发，浩浩荡荡越过嘉陵江，奔向更加偏僻的大山深处。

搬东西迁移

一路上，山风拂面、红旗飘飘。经过一段平地后，汽车一会儿爬山坡，一会儿行驶在沟底。道路盘旋之间，处处青山绿水。大家从沙石弥漫的西北戈壁荒漠，来到了满目苍翠的西南绿水青山，心情显得很兴奋。从山顶向下望去，看着在盘山公路上一溜儿蜿蜒而行的汽车长龙，更从心底里觉得有机会参加八二一抢建工程而光荣自豪。

我们12连有职工87人，携家带口共128人，分乘4辆卡车，在卫子区与大部队分流后，继续向王家镇前行。经过长途颠簸，于下午3点左右到达目的地王家镇。

王家镇地处两面山之间的一个平坝，当时街道两旁除了区革委会机关、供销合作社等单位外，还有几十户人家。靠镇的北边，是一条清澈见底的溪流小河。我们连全部被安置在小河北岸王家区残疾人敬老院。

男女集体分住，一部分人弄稻草打地铺，一部分人布置食堂，购买生活用品。长时间山路乘车的疲惫并未减退大家的热情，太阳刚刚落山，吃住安排就绪。

这里虽说不像西北戈壁那样天寒地冻，但却潮湿阴冷，尤其室内不具备取暖条件，有些人和孩子不太适应当地的水土，身上开始生冻疮。连部组织队伍，到十几里崎岖山路以外的炭窑场背炭回来，解决大家的取暖问题。此外，连部还积极和区供销社取得联系，为大家提供必要的副食品供应。同时，为密切与地方的关系，还组织力量参加了当地的水利工程建设。

我们连在王家区学习待命期间，现场工程指挥部领导杨唯青同志不顾山路遥远、崎岖难行，亲自到王家区来看望大家，对大家每天坚持学习、坚持出操、团结协作、有序生活，给予了充分肯定和鼓励，大家深受鼓舞。

随着八二一工程现场施工进展，人们分期分批陆续进入工地附近，有的参加了工程设计和生产准备，有的参加了生产设备订购并外出驻厂，有的参加了抢建生活区，汇入到了抢建八二一工程的洪流之中。

06

一次“无情”的劝返

尚 复

1969 年 11 月的某天，满载进川参加八二一工程抢建队伍的专列在兰州转站稍事停留后，继续向东行进。

深夜，我被一阵喧哗惊醒了，火车停在一个站上，车厢里有点乱，很多人集中在车厢门口不知道要干什么。我朝车窗外一看，看到了站台上的牌子，列车临时停靠在定西车站。

车厢内人们还在嚷嚷，知情人告诉我，在兰州停车时，一名职工把自己的老母亲接上了车，要带到四川去，结果被领导知道了，领导的口气很坚决：中途私自带人进川是违反纪律的，现在马上下车送回兰州去。

在深夜把自己年迈的老母亲带下车送回兰州，列车已离开兰州 3 个多小时了，还不知道后半夜有没有车到兰州？太不近人情了，多一个人到四川有什么关系？为什么一定要叫老人家下车？人群中不断发出责备、批评的声音，我的朋友老李甚至挤上前去，要和领导说理。

这时候，一位身穿深色风衣、身躯高大的领导在人群中站了出来：“同志们静一静”。他说，出发前上级把到达四川的任务交给了我和其他几名领导，我们要为咱们这一车一千多名职工家属的安全和生活负责；到目的地下车后，这一千多人的衣食住行能不能及时安排好我们还在想办法，困难比我们想象的要大得多；如果“口子”一开，可能会有更多的人私自带不在册的人上车，我们将无法保障大家的安全和生活；不是我们不近人情，实在是条件不允许，私自带上车的人必须要送回去，希望同志们理解！

人们静静地思考着他的话。我们到目的地住什么地方，怎么生活，带家属有孩子的职工会想得更多更具体，有没有粮食吃、怎么做饭、孩子还能不能继续上学、生病了到什么地方看病等等，这些问题都需要领导想办法解决。我们不能一心只想到自己“方便”，那不是添乱吗！

大家听明白了，十分理解和支持，想办法把老太太送上了返回兰州的火车……

现在回想起来，真是难能可贵，当时在队伍里的有些领导刚刚被“解放”出来，他们受过冤枉和“打击”，却不计较个人得失敢于坚持原则、恪尽职守。

07

山里生活的趣事逸闻

付翠英

1969 年 11 月，我和家人从四〇四厂乘专列来到四川，进入了深山峡谷，成为“山里人”。当时抢建八二一工程有几万人，物资十分匮乏，地方政府给予了大力支持，动员老乡们腾出了自己居住的部分房屋、仓库等。我父母所在的连队被安置到离厂区、县城都比较偏远的、大山里的清水乡。

糖果哪去了

偏僻的大山区很穷，要啥没啥，生活十分艰苦。由于搬家太匆忙，弟弟们脚长得太快，妈妈到处买鞋买不到，只好写信托老厂朋友帮忙买。朋友在寄鞋时顺便给孩子们寄了一些糖果等吃的。由于当时交通十分不便利、通信更差，等我妈知道后找到当地邮递员时寄来的东西已过了两三个月了。鞋子取回来了，可我们盼望的糖果却没有了，说是被老鼠吃了。我当时想，老鼠能吃那么多糖果吗，说不定是找不到人被邮递员家孩子吃了。善良的妈妈没有找邮递员理论，并说谁吃了都一样，没浪费就行。

妈妈差点走入沼泽地

那个年代，大多数人家都是自己给孩了做衣服，常常是家中小的捡大孩子的衣服。爸妈攒钱买了一个蝴蝶牌缝纫机，这是家里最值钱的一件生活物品。在清水乡时，我家被安置在生产队保管室里，是钟家坡人集体存放粮食的地方。我家没去时，有几个 70 多岁的老人每天看守和打更。我家住了一段时间，老人就都撤离了，说是付家住在里面从未动过仓库一粒粮食，不需要老人们看守和打更了。

那时山区不通电，仓库保管室里面比较暗，妈妈就把缝纫机搬到外面缝补衣裳。当时老乡看到很稀奇，后来也让妈妈帮他们做衣服。可妈妈不怎么会裁剪衣服，就量好尺寸，去找当时住在别的坝里的谢阿姨帮忙裁剪。

一天下午，妈妈去谢阿姨家为老乡们裁剪衣服，傍晚都没有回来。爸爸赶紧到谢阿姨家接妈妈，谢阿姨说妈妈已走多时。爸爸急忙赶回家中，见妈妈还没回来，想是出事了。生产队钟会计一家得知消息，赶紧找来乡亲们出去找人。半夜时分，找妈妈的乡亲们看见远处有一只火把走来，走近一看，是一个年轻的后生，举着火把把妈妈送回来了，乡亲们终于松下一口气，欢呼雀跃。

妈妈告诉大家，从谢阿姨家出来，被山林里好听鸟声吸引，就跟着它们走，而后迷失了方向。见天色已晚，她心中很着急，害怕碰到山里的狼及其它野兽，想到家人的担心，紧张地在山林找路。看到远处的山下有一盏灯光，她连滚带爬奔向那户人家求救。老乡听了她的迷路经过，连夜把妈妈送回来，并告诉妈妈，如果她没看见他家这盏灯，妈妈将走入红军长征时走过的沼泽地，后果不堪设想。

劝山里娃读书

入川前，我和妹妹、大弟都是在校学生。刚进川时，因被安置在偏远的大山里，弟弟妹妹们还太小，爸爸妈妈不放心，没有给他们报名读书，我每天自己走几里山路去乡上中学读书。第一天上学，全班 20 多名学生中有 3 名女生，都是八二一大队的女孩子。当地人看我们的眼神不一样，因为山里像我们这么大的女孩没有一个能来读书学习，我们 3 个女孩这么大还来读书，在当地人眼里是怪事。

读书照片

一天，妈妈和钟会计老婆钟婶婶聊天。妈妈问她为什么家里有 8 个好劳力，还不让她家小女子去上学，而是去给队上放牛挣工分。婶婶讲，她们山里风俗习惯，嫁出去的姑娘泼出去的水，没有谁家愿意花钱让女娃读书。听了钟婶婶的回答，我很震惊。妈妈随即用亲身经历给钟婶婶讲了有文化的好处。

新中国成立前，妈妈小，姥爷被日本人抓劳工采煤。新中国成立后，人民当家做了主，姥爷人品好，有技术，当时的负责人想让他当矿上领导，可是姥爷小时候家里穷，没有读过书，不识字怕干不好，就离开了煤矿回老家。回到农村，姥爷发誓砸锅卖铁也要让他的子女都上学读书，成为有用之人。所以我妈妈后来才有机会上技校上了班。

憨厚老实的钟婶婶听完后笑了笑，没有说什么，因为她也没有上过学，一个大字也不识。

不久在钟会计家发生了一件大事，这件事教育了她和钟会计。钟家的长女，生得善良美丽，早被那位举着火把送我妈回来的男孩相中订婚，可是男孩后来上了学又去当了兵，来信要和钟家解除婚约，理由是“没有共同语言”。

妈妈抓住机会，通过这件事劝说钟家一定让小女儿去上学。我也在旁边配合妈妈敲着边鼓，劝说钟婶送她家小女儿去读书。钟家后来将小女儿送去上学，每次小女儿代钟家写信都千恩万谢，感激妈妈为她求情，让她读了书，有了文化，成了山里女孩子们的骄傲。

08

建厂时住过的房子

杜春芳

1969 年，年仅 13 岁的我和 8 岁的弟弟，随着母亲离开茫茫戈壁，来到四川广元，加入到抢建三线的行列。

在那个备战备荒的年代里，祖国一声令下，哪里艰苦哪里去，没有什么条件可讲。抢建工程刚刚开始，一切都是先生产后生活。没有房子住，数千名职工家属以连为编制，被暂时安置在广元的卫子、张家、虎跳等区乡的农民家中。按照当时的规定，工人老大哥最好住在贫下中农家中，以防阶级敌人进行阶级报复。我父母亲被分配在卫子区新场镇一个叫肖家湾的小山村里，房东姓肖，是肖家湾的民兵连长。住在肖连长家中，政治上绝对可靠，可就是房子有限。肖连长忙来忙去，仅腾出一间堆杂物的房子，剩下还有一间新盖的牛棚。据肖连长说，好在那头耕牛住进去才三天，如果工人老大哥不嫌弃，我把牛牵到院坝里，把牛圈垫干净，倒是一间“新房子”。看着同分到肖连长家中的另一名职工，身带一个不满三岁的孩子，其妻又怀孕在身，父母亲没有更多的犹豫，毅然服从组织分配，在肖连长家中的牛棚里住下来。我和弟弟长这么大，头一次住牛棚，心中充满新奇感，钻进那间牛棚里，东瞧瞧，西看看。好在土垒的墙能挡风，房顶上虽然没有瓦，但铺满了谷草。用黄土新垫的地面，发出一种说不清的混合味道。眼前的这一切比起刚下火车时，通过合并“同类项”，大家睡地铺的情景好多了，因为这毕竟是进川后我家第一次拥有的“新房”。住在这间不足十平方米的“新房”里，生活逐渐安定下来。可那扇用草编织起来的房门，令全家人担忧，有时父母亲要去几十里外的地方赶场买菜背米背柴，有时要去连队开会学习，尤其晚上不在家时，牛棚里除了那盏昏暗的煤油灯，剩下的就是我和弟弟胆怯的眼光。到了1970年的初夏，父亲接到通知，叫他前往现场指挥部报到。听到这个消息，全家人十分高兴。我和弟弟围着父亲吵着嚷着：“爸爸，您这次去三堆，可得找间好房子，我们再也不愿住牛棚，哪怕是牛一天也没住过的棚子。”

当年入住的农户房屋

来到了三堆镇，父亲边工作边找住房，跑了一个多星期，也没找到合适的。后经一位同事介绍，父亲来到三堆吊桥旁一陈姓农民家中。这位农民家中已经住进三户职工，仅剩下一间偏屋，这间偏屋足有二十多平方米，上边还有一间小阁楼。尽管小阁楼上连腰都直不起来，但想着我一天天长大，父亲觉得适合我去住。唯一不足的是这间房子里摆着一口又黑又长的大棺材，给人一种阴森森的感觉。怎么办呢？父亲向房东提出能不能将棺材抬出去。房东大爷说:“这个不得行哟，我们三堆坝里有个习惯，棺材做好后，放在那里就不能随意动，等有用的时候才能动，否则要背时。”看着身穿一件长布衫、头上缠着厚厚几圈黑布、手上端着一杆3尺多长旱烟袋、已有七十余岁高龄的房东老大爷，父亲想绝对不能为了自己，而叫四世同堂的房东大爷背时。父亲没有再坚持下去，决定住在这间房子里。在同事的帮助下，父亲找来几块木板和油毛毡，围着那口棺材钉了一个架子，又将油毛毡钉在木架上。等把这些事情办完，把我和妈妈、弟弟从肖家湾接进了三堆镇。那个时候，家家都没有多少坛坛罐罐，更说不上像样的箱箱柜柜。我们就将常用的锅碗瓢盆全放在经过包装的棺材上，吃剩的饭菜也摆在棺材上。许多叔叔阿姨来串门，还以为那是一套新式组合柜呢。不知不觉，陪着这口棺材，一住就是四年，直到1974年，我们全家搬进自建的家属楼。

建厂整整三十年了，昔日的荒坡上早已高楼林立，厂内厂外均发生了很大变化，然而每当想起建厂时住过的房子，总是令我感慨万千。动荡中的搬迁，创业时的艰辛，清贫的生活，祖国的召唤，成就了三线职工的进取人生，塑造了三线职工丰厚的精神品质，这一切犹如刻在心版上的画，激励着我们承受着艰难困苦，不断创造新的生活！

（写于1999年）

09

深山采药

高学勤

1969年我43岁，来到宝轮八二一工程临时医院。当时各方面条件很差，家家户户饮用河沟水或者山坡流水，苍蝇蚊子较多，不少员工、家属子女患痢疾、肠炎甚至黄疸肝炎等疾病，住院病人很多。医院遵照毛主席中西医结合的思想，发动医护人员到附近山上采集中草药。

每次外出都兵分两路，年轻力壮的一路到远处高山采集稀有药材，年长体弱的一路就在附近采集诸如马齿苋、败酱草之类的常见中草药。我豪情满怀参加第一路，跋山涉水，翻山越岭，乐在其中。

有一次，领导要我们采集铁马鞭，此药泻火解毒，能治湿热痢疾。我们走了十来里路，在一个半山坡，顶着烈日、忍着焦渴，每人采集了满满一背篓。还有一次，要我们采集花斑竹根，此药主治湿热黄疸，生长于丘陵山地沟边。我们每个人都背个背篓，手拿短把锄头，走了十来里平路，就往山上爬，沿着山坡寻找，发现了少量花斑竹，到了山顶，居然发现有许多花斑竹，惊喜、激动，高兴得手舞足蹈，不多久就挖了一大堆，个个

采药队

大汗淋漓。可是，天气突变，下起雨来。大家赶紧背起沉甸甸的背篓，沿着崎岖山路下山。从事后勤工作的李叙佩有经验，教大家手拄一根木棍安全下山。

那些日子里，我们把宝轮周围的山岭都找遍了，还多次乘车去厂区的飞凤山，采集了十多个品种的中草药。医院还组织过小分队去上百公里远的山坡上，吃住在农民家，采集了大量中草药，拉回来几大车。采集的这些药除了用于治疗，还熬“大锅汤”让职工集体服用以预防季节病、传染病。

我离休后，每每想起这些，历历在目、怡然自得、乐不可支。

10

抢建中的点点滴滴

张　敏

我家“随大流”于1969年11月到目的地大石区柳桥公社。那时山区乡村基本不通电，照明靠煤油灯，做饭用河沟水，烧柴上山捡。我们连队都住柳桥，要到20多里外的镇上背煤、背米。仪表专家虞冠新已50多岁，背煤走山路摔倒碰掉一颗牙。柳桥没市场，要沿着县城方向的铁路走到镇上赶场，也只能买点蔬菜，肉是买不上的，蛋“一抢而光”。为了用上电，我们自己动手挖坑立杆架线。

我女儿刚4个月，由于高烧不退，只好请生产队赤脚医生治疗，他打针后孩子哭得死去活来，烧是退了，但是打针处淤积的疙瘩到孩子十几岁才消失。

20多天后，现场指挥部把我一个人接到现场，老婆孩子在柳桥继续留守。

随后，大家陆续到厂区附近，状况虽逐渐好转，但依然持续多年困难。能找到简陋房子算好的，绝大部分住的是席棚子。今天回想起来，那么多人，那么长时间，那么多困难，我们八二一人队伍没乱，心没散，没有和老百姓发生冲突，有相当一部分职工在老百姓家里住超过了 4 年，关系处得如同亲戚一般，真是难得。我们家和房东曹树春家，几十年来，往来不断。当地政府及老百姓和八二一人 50 年来已经形成相互支持的“命运共同体”。客观地说，在八二一发展的历程中，不能忘记当地，特别是附近人民对八二一的支持；同时，八二一的发展也惠及了当地人民。

从生活区到火车站只有一条土路单车道，再到厂区根本无路，大型施工机械无法进施工现场，只能拆零，肩挑背扛。当地部分建筑社以及八二一厂职工、家属等以各种形式参加八二一外围工程抢建。施工高峰时，参加抢建人员超过 3 万，沟里沟外热闹非凡。在这样一个狭小山区集聚这么多人，不管从哪方面讲都不可想象。当地政府和百姓就像当年对待红军那样支持抢建八二一工程。100 多户当地百姓响应毛主席、党中央号召，根据当时政策他们拿到很低的赔偿费迁移他乡。

选点生活区的农户房屋

三堆、井田和九公里都是八二一厂生活区预选点。井田占水田太多，九公里日照时间太短，最后定在三堆。有一次，张川、李吉溪、张树源和我跑生活区选点，桥头机关食堂过了吃午饭时间，三堆唯一一家饭店正在接待绵阳地区开会人员，我们说明情况后，店主非常热情地把我们请到餐厅，每人一大碗热腾腾的面条，上面有些肉丝和鸡蛋，每人只收一毛五分钱，免收粮票，说我们八二一人是毛主席派来搞建设的，来店吃饭他们感到很光荣。

11

李同仁冒险抢卸物资

冯天齐（口述）

1969年6月，核工业22公司、23公司开始进入厂区现场，进行“三通一平”施工准备，安装柴油机发电，建变电所、泵房。到年底，厂区现场已经有15 200人了，需要大量的物资，如钢材、水泥、砖瓦、木材、刨花板、油毛毡等。我们在安全坝的供应人员，非常忙碌，在沟内沟外设立了好几个库房。所谓库房，其实就是简单的临建房，甚至临建房都谈不上，物资设备堆放好拿雨布一盖就好了。我天天走路巡视库房，肚子很快就唱“空城计”，粮食定量根本不够吃。我身上经常背个挎包，里面装的全是办公用品，成了流动“办公室”，走到哪里，需要签字、盖章或者“拍板”的，在路上就走着办了。

当地火车站因八二一工程抢建快车都要停。物资设备从全国各地源源不断地运到目的地，火车站有时日达车皮120个。12月，负责火车站向沟里厂区运输的车辆达307台。车站不能及时卸货，前后附近的火车站都堆满了八二一的货物，铁道部不得不下令各地暂停发运八二一货物。军管会

卸物资

千方百计组织人员、设备夜以继日抢卸。当时，吊车被挡在铁路高压线外，吊车司机李同仁主动请缨，他真是位一不怕苦二不怕死的汉子，经过军管会主任批准，李同仁独自一人开着吊车在铁路上惊险通过高压线，冒死闯过“禁区”，顺利完成了物资抢卸任务。1970 年，李同仁被评为八二一厂第一届“活学活用毛主席著作先进分子”，他的事迹被总结成“讲用材料”，鼓舞了许多人。

12

一日纤夫

马国麟

1970年初夏的一天，指挥部从各个单位抽调劳动力去九公里把造好的摆渡大木船拉回桥头码头。当时三队派我参加，我们一二十人被送到现场。一看，江面上停着一个能承载数辆汽车的庞然大物——摆渡木船，船上站着几个人，有舵手、船工等，另外还有一个皮肤黝黑、上身穿龙头衫、裤腿拉到膝盖、脚穿一双解放胶鞋的中年男子，脖子上挂着个哨子，手里提着一面铜锣。原来我以为是雇来的民工，但认识他的人告诉我：他叫冯达志，是指挥部的工程技术人员，是这次运船的指挥和发号施令者，至于谁是领导我也不认识，不清楚。

我们这些人就是纤夫，每人拉着一条绳站在江边的公路上，要按冯达志发出的号令"令行禁止"。由于纤夫和船有距离，就采取不同的声音指挥。吹哨就行，鸣锣就停。从九公里到三堆，江道弯曲、江面狭窄、处处水流湍急，为了这个庞然大物能够安全到达目的地，舵手、船工、指挥和纤夫密切配合，令行禁止。就这样，我们在冯达志的指挥下拉着大船，穿

过江摆渡船

过急流险滩，躲过一个个明礁暗石，在哨声、鼓声和号令声的陪伴下，一步一个脚印把大船安全拉到桥头码头。这条摆渡木船，在大桥修好之前解决了汽车过江的大问题，为生活区运送过数千吨的生活和生产物资，为生活区三通一平和职工的生活提供了有力保障。

50 年过去了，冯达志已经作古，早已记不得当时的参与者还有谁了。

13

马正一同志二三事

张　敏

马正一同志是从二机部机关调来的某局局长，担任八二一工程建设现场革命领导小组组长。但是，工程现场当时实行军管。军管会接到清查“五一六分子”文件后了解到，有位技术人员当年文革造反时参与二机部夺权，把二机部印章在身上揣了3天，这还不是“五一六分子”吗？军管会想抓此人，征求马正一同志意见。马老新中国成立初期就是山西省财政厅厅长，政治经验丰富，德高望重。他和颜悦色地说，抓人容易放人难，事情没有造成什么严重后果，已经过去几年，就不要追究

马正一夫妇

了。后来有人评价说，马老一锤定音，不仅挽救了这位工程技术人员，还堵住了乱抓人的“口子”。

白龙江有了大型摆渡船后，厂里动员机关人员在江两边搬石头修码头。那是8月下旬一个星期六，下着蒙蒙细雨，因在水里泡的时间过长，小便时奇痒无比，过几天又转为疼痛难忍。我在宝轮荣校八二一医院住院治疗49天仍查不出病因，开始出现全身无力，吃饭恶心。这时春节也到了，医生同意我回家过年。大年初一，马正一同志来到我寄住的房子拜年，问我住医院治疗情况之后，突然问:“你眼睛很黄，撒尿黄不？”我说撒尿黄得像金条似的。他严肃地说:“你马上回医院检查，很可能得黄疸肝炎了。我立马回医院检查，黄疸等所有指数都高得惊人，于是转入传染科。一个多月后肝炎痊愈出院。

马老因为身体原因，经常回北京治病，1977年不得不调回北京。我出差到北京，总是要去看看马老，聊聊天。一次闲聊，我半开玩笑地说，有些老干部进城后，以各种借口抛弃了在农村妻子，您很了不起。马老说，我在外边搞革命，她在家里务农、操持家务，还要照顾老人，每天也是提心吊胆过日子，就是新中国成立后整个家务也全靠她操持，她的付出不比我少；对我马正一，对我们马家，我老伴有大恩呀，这个恩我报答还来不及呢，怎么敢抛弃；毛主席说“女同志能顶半边天”，这句话说得非常好。

14

魂兮归来 我的丈夫刘启陆

李维音

1969 年 4 月，当时在核工业二院工作的我，被调去四〇四厂开展一项自己申请的实验。我把两个孩子安排在别人的家里，背起行李去了戈壁大沙漠。

1969 年“五一”，军管会接到中央命令——抢建八二一工程。丈夫刘启陆是学施工组织的留苏博士，5 月 3 日去了八二一工地，负责那里的施工管理、开山辟路。可他却没有告诉我一丁点儿信息，我们之间失去了联系。后来，他想办法通过 23 公司的朱经理在四〇四找到我，交

刘启陆一家合影

给了我一封信，我才知道他在八二一，具体地点没有说。我全力以赴开始我自己的实验，一年多，我既是设计者，又是取样员、分析员。这个项目就像我自己生了个儿子，自己关心、自己忙碌，自己给自己下任务。1970年7月，我基本掌握了处理技术，对离子交换的性能可以说了如指掌，顺利完成了实验。

1970年10月，院里要我去八二一现场工作。爱人刘启陆很受二机部领导器重，在八二一指挥部施工处担任副处长。我们一家人三处分居很长时间了，10岁的大女儿寄养在北京的托儿所，没有床位，只能睡地板，该读三年级了。这次，我决定把两个没人照管的孩子一起带到了八二一工地，孩子们终于可以和我们生活在一起了。

刘启陆所在的指挥部在江边，江对面的三堆镇是八二一职工的住宿地。孩子们，一个10岁，一个7岁，早上自己上学，下午放学后，自己乘摆渡小船过江到指挥部找爸爸。晚上，爸爸什么时候结束工作，什么时候再一起坐小船过江回家睡觉。而我，则全心全意地投入工作，住在工地半山上安装公司匀出的工棚宿舍里。原设计中部分系统需要大改，施工在紧张进行中，设计修改工作量太大。我只有周日一天和家人团聚，这已经是偌大的幸福了。

万万没想到，悲剧却在半年后发生了。1971年4月15日凌晨1点，我在工地半山腰的设计队工棚里被叫醒了，山下的小车把我拉到了宝轮镇，在医院，看到的却是丈夫刘启陆冰凉的尸体，还有，大女儿也被江水卷走了，不知下落。

我哭得呼天抢地、失去了知觉。醒来时天已大亮，同事们守着我，旁边只有幸存的7岁女儿。她说她看着爸爸和姐姐被大水卷走了，双眼红肿。我们娘儿俩欲哭无泪，紧紧搂在一起，从此相依为命。

后来，人们告诉我，丈夫下班后带着两个孩子返回住宿地时，摆渡小船撞上了运货的大船，站在船头的父女俩瞬间被跌落到江里，一起消失在汹涌的波涛中。水流湍急、水温很低、天气也冷、天色很黑，船工极力制止了其他人企图下水救人的义举，避免了更多的牺牲。

刘启陆突然去世对我而言就是天塌了。那个年代，个人的事再大也是小事，国家的事再小也是大事。我还记得进工地时山上垂下的大幅标语："早日建成八二一，让毛主席他老人家睡好觉"。我想，不能因为这件事干扰了八二一的建设，必须尽快处理完。于是，我抱着丈夫的骨灰盒离开了工地回北京。就在火车启动的瞬间，听到匆匆跑来的人在月台上喊，大女儿找到了，可是火车已开始加速了。后来，在二机部的追悼会上，我收到了大女儿的骨灰盒。

事情发生了，有人问领导，李维音工作怎么办？

军管会领导王竹亭，曾在 1969 年"五一"到前门饭店聆听中央命令、接受抢建八二一的任务、后来担任八二一项目大队长的铁汉子回答：她的任务还是由她自己完成吧。

这就是信任，那个特殊年代的信任。于是，我安埋了丈夫和大女儿的骨灰，把小女儿安顿好，打起背包又南下，赶回了八二一工地，去继续我丈夫未竟的事业……

直到 1976 年，八二一工程全面建成投产，我完成了组织赋予我的光荣使命。作为技术骨干，我参加的八二一堆工水处理项目在 1978 年的全国科技大会上获得重大成果奖，我排在这个集体奖的第一名，这，足以告慰我深爱的丈夫还有我那可怜的女儿！

这就是那个时代，那个时代的我们。

15

“草帽书记”原来是上甘岭的领誓人

郑敬东

老书记杨唯青女儿杨志萍家有一张老照片，是中国人民志愿军在朝鲜上甘岭宣誓坚守阵地，领誓人就是当时的140团政委杨唯青。

2005年，杨唯青随儿女们在都江堰旅游，看见路边货摊上一本1958年第3期《解放军画报》刊登的照片，是志愿军在上甘岭开誓师大会，与家里面的那张一样。摊主仔细端详了面前这位老人，确认千真万确后，才5折优惠把画报卖给他们收藏。

上甘岭誓师会

杨老出生于1919年，1938年10月参加八路军，出生入死、九死一生，1960年9月担任某师副政委，获“八一勋章”“独立自由勋章”“解放勋章”。用他自己的话说：“在八路军、解放军、志愿军的25年中，参加大小战斗七十余次，实在是一个幸存者。”

杨老1964年10月到戈壁滩四〇四厂，任核工业102公司党委书记。文化大革命初期，造反派把他牙打掉了、腿打瘸了，与他一起共事的经理自杀了，副经理“治病”回家了。原部队领导知道后，派人去接他回部队，被他拒绝了。他说，听毛主席的话，好好给思想“洗洗澡”。

为抢建八二一工程，1969年5月，他离开戈壁滩，到八二一工程现场担任革委会副主任。1974年5月，任八二一厂党委书记，一直到1984年离休。

1970年10月，我被抽去机关采写先进人物。有一天早上，在机关食堂排队打饭。杨唯青排在我前面，听说我要赶交通车去宝轮采访，怕我晚点，他主动叫我排到他前面去。这是我第一次与他打交道，感受到的是，长辈对晚辈的温情。

八二一工程初期，指挥部的领导们只有两部“卡斯69”工作用车，还是帆布车篷。领导们很少坐，只有外出开会或到偏远的工地才用，平时上下班，到施工现场都是走路。杨唯青经常戴个草帽、穿双草鞋，于是职工亲切地叫他“草帽书记”。遇上下雨天，他总要到工地的席棚子、家属住的地方，看看漏不漏雨，有没有危险。一次下大雨，几个人跟他坐车从指挥部到工地去的途中，山坡上一块大石头突然滚落下来，差一点砸到了车上，别人吓得脸色煞白，他却满不在乎地说：“我们命大，死不了！”

杨老既是军人气质，也是非常出色的思想工作者。有一年年底，二分厂刘书记作总结报告，表扬一车间一项技改为国家节约100万元。我不服气，认为应该是我们车间的功劳，怎么给算到一车间头上了？于是，我去刘书记办公室理论，还给总厂杨唯青书记打了电话。杨书记不轻易表态，只是先给分厂打电话了解情况，然后，亲自带领机关几个人，来我们车间参与倒班一个月，调查研究。看到杨老也和我们一起一丝不苟地上夜班，我也再没提技改争功的事了。

杨唯青夫妇

有一次，杨老到水厂检查工作，了解到某工人家属患重病，他就吩咐随行干部给予关照。第二年，再检查时，杨老看见这个工人，不但叫出了这个人的名字，而且还问他家属身体怎么样？把这位工人感动得热泪盈眶，逢人便讲杨老对他这名普通职工的关心与挂念。

正是因为关心群众，密切联系群众，深入基层，所以杨老对单位各种情况非常熟悉，讲话、作报告非常精彩，我们都非常喜欢听。他在全厂大会讲话，一般没有稿子，即使有稿子也是自己写稿，从不让人代劳。杨老讲话、作报告通俗易懂、声情并茂，配以恰如其分的手势，让人全神贯注，富有感染力。

杨老的马列主义水平很高，风格也是很高的。记忆里，他讲话强调学习毛主席著作最根本的作用是解决立场、方法和观点问题，学会自觉站在人民大众特别是工农兵的立场，用一分为二的思想方法，以集体主义、爱国主义、共产主义的观点，考虑问题与做事。他的工资级别，离开部队后直到离休，就没有涨过，每次都把指标让给别人。

杨老发现有的干部对群众提出的批判意见总是耿耿于怀，于是，他苦口婆心地予以教育。他说，群众之所以批判，是因为我们脱离了群众、有错误，我就感谢群众对我的批判，让我永远牢记与群众心连心。

这是杨老的虚怀若谷，体现的是他高风亮节和对人民群众的敬畏。在杨老自己写的简历中，他把“群众关系”放在非常重要的位置：

“我在八二一厂15年的工作中，领导班子团结，各级干部与职工关系良好，与地方政府和人民群众的关系也很好，厂里的一些单位成了省里的先进单位。实事求是地说，我们抢建八二一工程、抓生产任务是有成绩的，按照中央的要求，我们圆满完成了任务。1975年，我到北京参加国庆典礼，受到中央领导的接见，见到了伟大领袖毛主席，还有周总理、朱德、董必武等党和国家领导人。1978年，我参加了全国工业学大庆会议。1979年，八二一厂被四川省和核工业部授予‘大庆式企业’的光荣称号。”

16

建厂初期的技术专家们

张瑞林

四〇四厂反应堆，花了五六年的时间建成，八二一工程用了四年多时间就建成了，吸取了四〇四堆许多建设经验，也做了许多改进，比如运用电子计算机控制。在八二一工程建设中，广大技术干部敢闯敢干，脚踏实地，扎扎实实工作，保证了八二一工程建设的高质量。周平、张清泉、钱剑秋三名同志是这些技术专家中的佼佼者。

周平冒风险主持反应堆失水实验。反应堆失水实验，非常重要，风险非常大，四〇四厂就没有做，怕搞不好出事。周平，时任八二一厂一分厂一室物理组组长，强烈的进取精神，反复的精细计算与推导，同志们的全力支持，让他敢于“第一个吃螃蟹”，申请做失水实验。上级批准了他们的实验方案，在生产科长钱剑秋的协同下，主持实施。那个时候，没有手机之类的通讯工具，上下楼梯七八层，来回地跑，心情又紧张，汗水把衣服湿透了。有人调侃：“您身上到底是汗还是水？”实验了好几天，获得的数据，对防止反应堆大面积烧结事故作用很大。后来，周平调回北京，担任了二机部副部长。

张清泉主持全厂断电试验。张清泉，在四〇四厂是分厂副总工程师，曾经主持四〇四反应堆全厂断电试验。那次，因为一个地方实际线路改了没有体现在图纸上，张清泉按照图纸指挥试验，出了点问题，尽管有惊无险，但“文革”中，有人追究他的技术责任，批斗过他。所以，他对教训刻骨铭心。到了八二一，他成天在现场跑，拿着图纸与实物对照，一丝不苟。他的口头禅是，要确保万无一失。这一次，八二一的801反应堆全厂断电试验，非常顺利，为以后的安全生产、事故防范提供了可靠资料。1978年获得全国科技大会表彰。后来，他曾经担任分厂总工程师、八二一厂总工程师，调到北京担任国家核电局副局长。

钱剑秋“事必躬亲”。钱剑秋当时是一分厂生产科长，一直坚持“事必躬亲”的工作作风，无论是工人还是技术人员，你给他说哪个地方有什么改动，在图纸上是怎样的。他听了，看了图纸，肯定的说：“走，我们一道去现场看看实物。”次数多了，难免有人抱怨说“您怎么不太信任我？”这个时候，钱剑秋往往拍着对方的肩膀，笑呵呵地说：“要确保万无一失！”无论是谁，你不得不和他一道去实地查看。1978年，八二一厂一分厂“主泵旁通调节阀”项目获全国科学大会奖，主要贡献者就是钱剑秋。后来，他调到秦山核电站，担任总工程师，成为了国内外著名的核电专家，受到了江泽民总书记的亲切接见。

专家工作场景

17

我参与的重大科技创新

姜长毅

八二一工程虽是 801 工程的“翻版”，但是 801 地处戈壁沙漠，低放废水可以直接排入天然蒸发池处理。而八二一处于长江上游，地理条件天壤之别。所以，党中央毛主席决定抢建八二一工程时，周总理就亲笔批示：“一定要把三废处理好，对国土负责，对子孙后代负责。”

于是就有了八二一废水处理工程。

二机部派中国原子能科学研究院人员到八二一工程现场做“示踪核素排放实验”，制定了严格的排放限值。所以说，八二一废水处理任务非常艰巨，这样的厂房工艺流程设计任务在国内是首次。

工程实施中，二机部对设计可能存在的问题十分重视，派出 5 人专家组来现场调查研究。1973 年 12 月 24 日听取了车间主任张步盈、张玉环和我的汇报，然后实地考察、研讨。之后，我们车间组织力量，紧锣密鼓 3 个多月，于 1974 年 5 月 2 日呈交了设计复查报告。

在以后的生产运行中，随着情况变化，废水处理工艺流程不断进行了

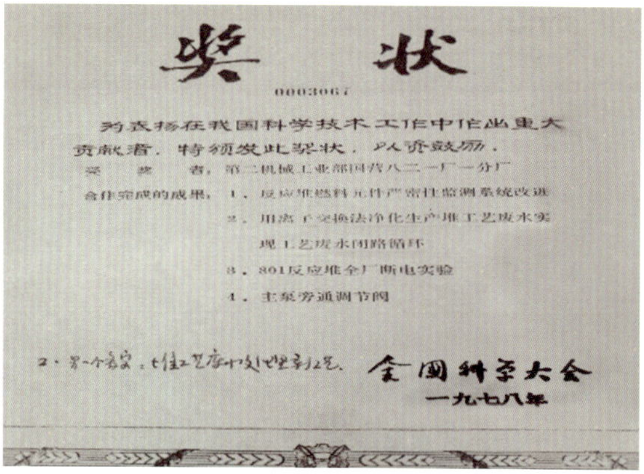
奖　状

0003067

为表扬在我国科学技术工作中作出重大贡献者，特颁发此奖状，以资鼓励。

受　奖　者：第二机械工业部国营八二一厂一分厂

合作完成的成果：1．反应堆燃料元件严密性监测系统改进

2．用离子交换法净化生产堆工艺废水实现工艺废水闭路循环

3．801反应堆全厂断电实验

4．主泵旁通调节阀

全国科学大会

一九七八年

重大改革创新。1977年11月，厂科技委印发的《光荣榜》“授予红旗的科技成果项目”第一名就是“废水处理新流程”，此项科技成果1978年获国家科技大会重大成果奖。“新流程”使得主要原料消耗降低70%以上，动力消耗降低约50%，残液减少75%，按照1980年物价，每年可节约运行费用140万元以上，是设计、施工、生产“三结合”重大胜利，是领导、技术人员、工人“三结合”重大成果，是集体智慧的结晶。

18

我在八二一的回忆

董治平

1969年6月，我从四〇四厂二分厂调往四川参加八二一工程的筹建工作。领队是顾玉明，堆工组长盛稼荣，化工组长袁成顺。当时部里在四川筹建八二一的只有几个人，领导组长马正一，政工处负责人赵成然等。

我是第一批调去的技术人员之一。在宝轮中学学习中央文件，听领导小组给我们传达“5.30电报”。该电报是以中共中央、国务院、中央军委、中央文革的名义报请毛主席批准同意的，所发的对象是兰州军区、成都军区、南京军区、二机部、铁道部、商业部、一机部等。电报是

军工生产时期工作现场

由当时主持国务院有关工作的余秋里宣布，是专为八二一工程发的中央文件。在北京研究落实“5.30电报”内容的会议上，余秋里要求铁道部把目的地火车站升级为快车站，商业部保障抢建八二一工程人员商品供给。

1969年下半年，二院的设计队伍到目的地后，我们进行三结合的设计，我参加堆工的一回路设计。三结合设计完成后，我们便转为生产准备，培训军工和新来的大学生。

八二一堆从局部试车、物理启动、带功率运行、满功率运行，状态非常好。后来，反应堆停堆改造，安装从816厂拆运来的蒸发器、汽轮发电机，做余热发电准备。1986年，苏联切尔诺贝利核电站发生爆炸，八二一余热发电项目搁置。1987年，中央北戴河会议决定八二一停产转民。

19

魂牵梦萦取水大泵

江坤章

我 1970 年 8 月由北京工业学院毕业分配到川北山沟八二一工程，被分到四队一连，主要任务是跟着老师傅在白龙江边、平西河畔修建临时抽水站，在荒山野岭安装临时管线，用极简陋的办法抽取白龙江及平溪河水，供应现场施工及一万多人生活用水。

1971 年初，我被分配到 202 水厂搞水处理，同年 3 月到武汉堤角水厂学习水处理和水分析 3 个月。回厂后，我参加 202 水厂设备的安装、调试、质量检查和验收。

1972 年春，四队一连改为总厂直属 201 车间。4 月，我被调整到 201 车间检修工段钳工班，任班组技术员。刚到班里不久，取水泵房进水间拦污栅卡在约 25 米深的井中间，上下不得，下面是滔滔的江水和钢结构建筑物，上面是光滑的井壁，下去处理如稍有失误，后果不堪设想。班里人面面相觑，我主动请缨，腰拴一根麻绳让同事拉着，戴一双帆布手套，顺着吊车钢丝绳滑了下去，排除了故障。

到1973年8月，201车间所属的230台套主要设备相继试车投产，也暴露了大量的设备缺陷和安装质量问题。

在洪水季节，江水中有大量的树叶、树枝、杂草、漂木和泥沙，最大泥沙含量为13公斤每立方米，如果上游水电站排沙，最大含量可超过30公斤每立方米，而设备是按江水年平均含泥沙2公斤每立方米设计制造的，这种情况对制水及其设备都是噩梦。其中问题最大的是6台沅江立式离心清水泵，其次是4台直径23.8米，3台直径8.4米的刮泥搅拌机和4台旋转滤网。沅江泵在试车过程中噪声振动超标，轴承多次烧毁并造成泵轴断裂。

取水大泵房

当时我厂根本没有检修调试这种大型设备的能力。总厂请水电部第五工程局安装队帮助检修1号大泵，车间派我做联络工作参与检修。

经过半年多的努力，找出了设备缺陷及安装遗留的问题，并做了力所能及的改进。经千辛万苦完成了检修，可是在试车瞬间，听到一声巨响，泵的蜗壳炸裂了，这突如其来的变故把我们都惊呆了。总厂领导及职能部门召集有关人员召开紧急会议、商讨对策，要求我们紧急处理善后，立即派人调研，同时要求制造厂派人到现场处理问题。

我们还邀请了通用所、长沙水泵厂、株洲电厂、重庆电厂等有关单位技术人员参加讨论，决定由长沙泵厂在不影响设备性能、安装连接尺寸的基础上，通过增加蜗壳壁厚，增加筋板的数量、高度和厚度等措施，以增加蜗壳的刚度和强度，改进铸造工艺，尽可能减少铸造缺陷。

车间派我外出调研，了解国内其他厂家的情况，尽可能减小或消除破坏因素。于是我走访了江油长钢的水厂、重庆电厂、株洲电厂、金竹山电厂、湖南电力勘测设计院等，查看相关设备，索取资料，回厂后，我汇报调研情况并提出改造方案，经批准，改造了止回阀，修改了沅江泵的操作规程。后来沅江泵再没有发生过水击事件。

由于时间紧迫，车间安排我设计了一个大钢箍，一块和蜗壳表面近似弧度的钢板，箍住了上端面，堵住了蜗壳横向裂纹，经过试压没有问题。经领导批准，车间要求班长统一协调，由我带领 8 个人检修破裂的泵。经过大家的艰苦努力，竟然一次试车成功，开创了我厂检修大泵一次试车成功的先河。后来我带着班里的同事连续修了几台大泵，都是一次试车成功，而且将检修时间从 90 多天缩短至 42 天，以后也没有突破这个记录。因此，我得到了厂、车间、班长和同事们的认可。

解决了安装维修，泵的短期磨损成了最突出的问题，为此成立了以车间副主任周兆林为组长，以车间技术员黄明忠、班长鲍仁德和我为组员的“三结合”攻关小组。历经艰难困苦，我们摸索、改造了下密封、平衡筋等结构，封堵了叶上轮的平衡孔，取消了背密封，完全解决了泵盖磨损。

1977 年，我写的“沅江 48-20 型清水泵防磨改进”的成果总结由八二一厂推荐到四川省及核工业部，并推荐到国家科委，获得了 1978 年全国科学大会奖、四川省科技大会重大成果奖。

20

“劳模”韩双良

宋跟东

原八二一厂生活服务公司维修服务队队长韩双良一段往事意味深长。

那是1955年，这位农家苦出身的泥瓦匠到河间县建筑社，想参与建设社会主义高楼大厦。领导看他吃饭像新媳妇一样“羞羞答答”，于是说：“你回去吧，看你吃饭不行，干活也不会行！”

“怎么？你们在考我吃饭呀！我本来是想不与大家争抢饭菜的。放开肚子，再有5个馒头我也能吃下去。”韩双良不服气地说。真的，一口气又吃下5个馒头，领导满意地笑了，“是个干将！”就被录取了。

韩双良心灵手巧，一身虎劲，一年学徒期，5个月就得了“状元”，拿到师傅级的薪水，建筑社的干部工人无不羡慕称赞，县长亲自接见夸奖，成为“名人”。

“名人”到四〇四厂报到时，领导征求他的意见，他斩钉截铁地说：“把我分配到最艰苦的地方最艰苦的岗位上，别人不愿去不愿干的，我去我干”。

1969年11月，他来参与抢建八二一工程。

1971年初，生活区“三通一平”大会战紧张进行，一条长25米、宽深各15米的大沟整治任务艰巨，厂基建组立刻想到了韩双良，任命他担任队长，组织40人的民工队，限期一个月完工。

凿山挖沟，没有大型机械，主要靠铁锹、钢钎，推车、扁担。白天顶着火辣辣的太阳，光着脊梁，晚上有时点火把，有时借月光。无论节假日星期天，风雨无阻，一鼓作气，23天胜利完成任务，最后一天，整整干了一个通宵。杨唯青书记伸出大拇指说：“韩双良的队伍是个能打硬仗的队伍！”这下韩双良出名了，哪个单位有苦差事、硬任务，争先恐后要韩双良。那时候，既没有奖金，也没有加班费。

当时，生活区还主要是长满荆棘的山坡沟壑，很多同志没有办公地点，指挥部决定在大沟旁建7间平房约150多平方米，任务又交给韩双良。虽然老韩建房是老本行，但他的队伍里没有一个泥瓦匠，完成这项任务困难很大，他毅然接受了任务。队伍没有休整，又投入紧张战斗。他选择几个年轻力壮的小伙子手把手带徒弟，言传身教，硬是培养出几个能工巧匠。现在，有两个当了建筑公司的总经理，有一个在部队当了基建处处长。

而后，这支队伍连续作战，顽强拼搏，越打越精，屡建战功。建平房、建食堂、建油库，还建了几栋小二楼、小三楼近20个工程项目。那时建房跟现在大不一样，没自来水，到堰塘挑水；没有抽水机，就用盆舀；没有照明，就打火把干。两年时间，完成土石方近两万立方米，建筑面积6千多平方米，没有一个项目拖后延期。在总结大会上，韩双良的建筑队被评为红旗单位，荣立二等功，韩双良被评为学习毛主席著作积极分子。1972年12月，他在脚手架上光荣地加入了中国共产党。

老韩担任维修服务队队长以后，他队里先后涌现出李宗山、黄瑞发两个厂劳模。两个人都曾发自肺腑的说：我们的成绩都应该归于韩师傅。大家经常风趣地说："老韩是幕后的劳模。"这话实在不假，每次评先进劳模时，大家异口同声推选他，他总是说："我大小是个领导，多干些工作是应该的，你们谁评上都是我的光荣，我当一名共产党员就是最高的荣誉。"见荣誉就让，见困难就帮，这是老韩做人的准则。老韩"以工代干"几十年，从未向组织提出"转干"之事，而且从未忘记工人的本色，脏活累活从来都是身先士卒。第一次实行工资调整奖励升半级，领导和同志们都同意给他，他硬是把指标让给了自己的副手。

烧砖建房

一事当前，韩双良总是首先想着别人，为自己的事从不愿给领导和同志们添麻烦。自己建了多年的房，却始终住在3类房的"中间门"，四季难见阳光；领导多次让他调房，他总是笑哈哈地说：我人口少，算了吧，感谢领导的关心。他有一个儿子不在身边，爱人常年有病，经常住院，领导多次派人护理，都被他谢绝。他每天坚持早上班晚下班，星期天也不休息。下班后，匆匆忙忙买菜、做饭、送饭、洗衣服，整天忙个不停。爱人埋怨，动员他退休，他耐心做思想工作：咱们有今天，还不是托共产党的福，总不能放下工作不管呀。你这种慢性病，不是一两天的事，医院有这么多医生护士关心着你，有点困难咱们就自己克服吧，等退休了，我好好照顾你，把欠您的都补回来。

1985年维修服务队由修建处归口行政处，厂部根据房屋老化程度决定：每年拨 8 万元进行房屋维修。如何用好这笔钱？老韩首先想到，厂里经济还很困难，能节约一个算一个。于是，他积极开动脑筋，决心在搞好服务的前提下，把维修费用降下来。首先制订了以修为主、以换为辅，领新必须交旧、旧的修复再用的具体措施。他经常教育大家：克服大手大脚、公家的事浪费点没啥的错误思想，当主人翁、尽主人责，为厂分忧解难，并决定实行定额工时管理，奖金和保健合并使用，与工时、工作表现挂钩。执行的结果：1986 年费用降到 6 万元，1987 年降到 5 万元，1988 年、1989 年降到 4 万元。1990 年实行经济承包责任制后降到 2.5 万元。房屋逐年老化，任务量越来越大，维修费却奇迹般地逐年减少，韩双良和他的同事们的功绩是不言而喻的。

21

反应堆的第一个计算机系统

白豫平

八二一反应堆除了有四〇四的 5 大控制系统外，还有一个新的系统——计算机系统。这是我第一次接触到计算机，万分高兴，也非常紧张。

计算机系统在某厂房七楼的一间房间里。机房是个只有门没有窗户的房间，进门后首先看见的是正中间并排安装着的 8 个机柜，每个机柜的大小有如一个 200 多升的单门电冰箱，有一人多高。每台机柜底部都有 3 个向上吹的散热电扇，机柜的顶部是一台台的稳压电源，8 个柜子排了一大排。每个

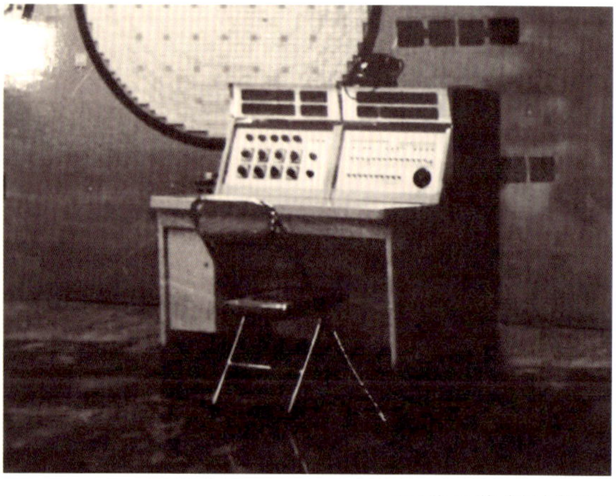

二进八位制计算机

机柜中间是6层机箱，每个机箱里面是几十块紧挨着的电路板，电路板上焊着密密麻麻的电子元器件。

房间左后角是一台奇怪的东西叫磁鼓，是计算机的存储设备。房间左前角是一个写字台和文件柜，里面放着这台计算机所有硬、软件的技术资料和每天的值班记录。房间的右后角还有几个备品配件柜，里面整整齐齐地放着计算机的配件。房间的右前角是一台柜式空调。

从此，我每天昏天黑地地泡在几尺厚的图纸资料里"恶补"，从零开始学习计算机的基础知识，什么2进制8进制，门与门或门和非门电路，双稳、单稳电路，模数转换和数模转换，逻辑运算、稳压电路可控硅控制电路等。这台计算机的名字叫CK701，内存2K，是重庆某研究所耗时两年的成果，耗资数百万。每天24小时都有2个人值班，来保证这台计算机的正常运行，备件柜里几乎有所有的插板，一旦计算机出现故障，值班人员要在最短的时间找出故障部位，更换插板。换下的有故障的插板就由我们的技术工人维修。

现在看来，这个计算机系统太落后了，但在当时，那是配置很高甚至最尖端水平了，用处是监督每一根工艺管道的功率等重要参数，比起四〇四反应堆是重大创新之一。

22

和知青们一起的日子

程秀景

20 世纪 70 年代，全国范围内开展知识青年上山下乡接受贫下中农再教育运动，我们八二一厂第一批下乡知青于 1974 年集体安置在当时的广元县宝轮区石龙公社苍溪大队，单独成立了一个小队——知青队。管理工作由大队选派的思想好、有经验的老农与厂里选派的带队干部（指导员）以及知青代表共同负责，住在苍溪河南岸的山坡上，离九公里大桥有几公里的路程。

我于 1975 年 7 月被厂党委派往知青队带队，同王德旺同志一起接替第一批带队干部颜义善、陈再丽，和知青们共同生活劳动的日子里，给我留下了抹不掉的记忆。

我到队后不久就开始秋收，正赶上下雨天，打下的稻谷，只好铺在宿舍的地面上，勤翻动，不然就会发热长霉变坏。收完稻谷、玉米，挖完红薯，就开始挖土、下有机肥料，为小麦播种做准备，有时还去山坡上开垦荒地，增加种植面积。春天到了，给稻田放水，“打青”施肥，以备栽插水稻。白天和知青们一起下地劳动，晚上和管理组成员分析研究有关的事宜，有时间还和知青们聊聊天，交流思想。

地处山沟的苍溪大队当时各方面条件都差，社员的生活也比较拮据。知青到队后吃住行各方面都有很多难处。住房是原来厂里的仓库用房，铁床由厂里支援了一批，行李知青自带，晚上煤油灯照明。吃饭由伙食团集体蒸煮，分份用餐，吃粮按定量供应。年轻人定量不够吃，只能回厂到家里“揩油”；吃菜也只有到厂里的蔬菜店去买，买不到就只能吃白饭。到冬春蔬菜淡季更不好买菜，大家只好回家带点咸菜和酱拌饭吃。最困难的是喝水、用水，从山坡上渗出的水引下来使用。喝的开水，厨房用做饭炒菜的大锅来烧，烧好后再灌到暖瓶里以供使用。到冬春季节渗出的水很少，蒸米饭的水几天才可以换一次，锅里的水很浑浊，看不到锅底。我记得有一次早饭后清洗锅换水时，发现锅底有一只死老鼠，这时大家已经把蒸的饭吃完了，叫人心里很不是滋味，可又无可奈何，只有要求做饭的同志今后多注意检查，避免类似的现象再发生。

知青代表合影

离开知青点外出，不论是回居住地还是去宝轮、广元，都得到九公里大桥上去搭厂里过往的车，搭不到就只有走路前行。有时我需要外出，他们怕我搭不上车，就派一人陪我去大桥上帮我拦车。冬天若要搭到卡车，站在车厢上面吹着冷风，那真叫一个冷。有时，晚上厂里放露天电影，我们吃过晚饭后，留下看门的人，其余的一起步行回三堆看电影，看完后大家又步行十多公里回知青住地，大家边走边谈笑，很是开心。

我在知青队期间，还同知青代表到广元县参加县里召开的农业学大寨三级干部会和知识青年先进代表大会，会议期间食宿在红星旅馆，吃饭时十个人围在一起，地面作桌子，盛饭菜的餐具放在地上，有时一阵风吹过来灰尘四起，就是那样还是把饭吃完，而且很高兴，因为伙食比在知青伙食团吃的好。

后来我被广元县知青办借用，到所属知青点了解情况，去过元坝区、荣山煤矿、沙坝公社、范家公社、石龙公社等，到绵阳参加当时地区知青先代会的筹备工作，先后到过旺苍县、青川县、剑阁县、梓桐县知青办了解情况，综合汇总材料；同知青先进代表、带队干部、地方领导一起参加先代会的召开。在此期间我认识了许多成都派往广元和绵阳地区的带队干部、广元单位派出的带队干部，大家关系融洽，工作上大力合作。我于1977 年 7 月结束知青工作回厂上班。

九公里知青队的第一批知青 1976 年被招工进厂，他们在各自的岗位上努力学习，认真工作，成长为合格的职工。当年的知青都是活泼可爱的年轻人，后来他们结婚生子，成家立业了。虽然我们在一起的日子里也有过不愉快，但友好的情谊常在。每当我们相遇碰面时，大家还是喜欢喊我一声“指导员”，多么亲切的称呼啊。

23

女儿“走失”有惊无险

耿耀东

1971 年 3 月，我们从戈壁滩分批来到四川北部山区参加抢建八二一厂。1974 年 4 月，我将家人接来了四川，从此结束了 18 年的“牛郎织女”生活。

当时我父亲已经过世，母亲随我们一同迁来。遗憾的是，我的小女儿当时实在无法随我们来川，因为她还不满两周岁，这里又是新建单位，条件非常艰苦。商量来商量去，只好忍痛割爱，将她留在老家，托付给妻子的哥嫂抚养。

开始我们暂住在 16 公里外的旅馆，直到 8 月中旬才搬进沟里生活区，住在专为职工医院新建的家属楼上，条件虽然艰苦，但心情是愉快的。妻子在八二一厂职工医院上班，3 个孩子分别进了八二一厂职工子弟中学和子弟小学。生活就这样一天天地过去，大家都很忙碌，感觉很满足和幸福。只是，生活越是幸福，我们就越是思念留在老家的小女儿。于是，1977 年寒假，我们决定将小女儿接来四川小住。

当时正处在试生产阶段，我和妻子工作忙，都不能请假，经过多次商量便安排13岁的二女儿回老家接小女儿，临行时再三叮嘱她路上要小心，回来时发电报我们到车站去接。不久，我们收到了她的电报，并按时赶到火车站。可是，下车的人都走完了，就是没有见到她俩。没有电话，无法联系，我们心急如焚，无奈只好回家，心里七上八下，整整一夜没有合眼。二女儿才13岁，小女儿还不满5岁，而且当时没有直达车，中途还要转两次车。

第二天一大早，火车站给八二一厂办公室打来电话，通知我们到广元车站接孩子。我们喜出望外，赶快搭便车到车站，谢过车站有关人员之后，将姐妹俩接回家。

回来一问才知道，姐妹俩在车上根本不敢睡觉，怕坐过了站。但是孩子毕竟是孩子，火车过了凤州车站，已坐了一天一夜，小女儿在凳子上睡着了，二女儿也实在太困了，她告诉列车员，说她们在广元站下车，到站时喊一声，也靠在座椅上睡着了。车到观音庙站，有旅客下车，小女儿惊醒，没看到姐姐，便稀里糊涂地跟随别人下了车。火车开走了，仍然没见姐姐，她就沿着火车来的方向往回走，心想一定能走回山西老家，便一边哭、一边喊姐姐、一边走。走了不多远被巡道工发现，问她从哪里来，只说从山西来，到四川去，要找她姐姐，再问也说不上了。巡道工便将她领回到车站

广元火车站

值班室。车上的姐姐醒了，一看小妹不见了，顿时傻了眼，于是从头到尾找了两遍也没找到，最后只好找列车员帮忙。列车长赶快给上一停车站打电话，证实确有一个小女孩在该站下了车，现在在车站值班室。于是，车长决定让二女儿在下一站下车，由铁路想办法将小女儿送过来。二女儿下车后，等了很久，铁路调度委托一名货车司机将妹妹带来，最后由铁路方面安排让姐妹俩坐在货车的机车里，将她俩带回了广元。到广元车站已是深夜，司机又将她俩安排在广元铁路公寓休息，总算有惊无险。

24

家属工也是“半边天”

张 敏

八二一曾经有一个特殊群体“家属工”，当年有个名不副实的名称“五七工”——走“五七道路”的工人。她们也是抢建八二一的一部分，是当年八二一服务领域的主力军。她们分布在托儿所、被服社、商业系统、食堂、环卫，厂自建工程也有她们的身影，有的参加推架子车、绑扎钢筋、打钢筋混凝土预制板等重体力劳动。人数众多的“五七工”我无法逐一阐述，只以我老伴王淑英为例，谈谈这些人的酸甜苦辣。

1969 年 11 月 26 日，我家进川第一站落脚于深山沟大石区柳桥公社。大约半个月后，我奉令去厂区上班，28 岁的王淑英仍然带着两个孩子，大的 4 岁，小的 4 个月，在柳桥暂住。由于两个孩子太小，淑英无法到 5 公里之外旺苍县白水镇赶场，只能从农民菜地随便买点青菜，其他生活必需品只好求助邻居或别的同志代买。

厂生活区附近三堆民房基本被八二一人住满，我每天下班只要不学习就是跑房子，“功夫不负有心人”，我终于在靠近铁索桥的曹家找到一间房

五七服务队

子，面积大约9平方米，里边还有一张可挂蚊帐的新床。搬进去，一住就是4年。

“家属”们都不愿只靠丈夫养活自己，除了操持家务，还要上班，为抢建八二一作贡献、挣报酬。不久王淑英去托儿所上班了。1970年8月下旬，我住院后因医院条件太差又交叉传染上黄疸肝炎。这时家里一切活全落到妻子淑英一个人身上。她除了上班、倒班还要买生活物品，每天3顿饭，缝补衣服，洗衣服，天天还要去白龙江边爬坡往上担水。每次买煤都是她和5岁儿子一起推车，有时爬坡困难，附近热心人就帮一把。那时她虽然很年轻，但是由于体力严重透支，有一次上班途中几乎晕倒。我知道她为了使我身体早点康复，所有营养品尽量保证我一个人。我感到很不安，这样下去不仅亏了淑英，更亏了两个孩子。于是，我逐渐开始干点杂活。

有一次，儿子夜间发高烧，淑英冒着狂风暴雨背着5岁多儿子，上边还盖着雨衣，脚踩着泥泞黏土路，我气喘嘘嘘跟在后边急行军式地奔向医院，拿了药，打完针又背回家，她几乎累瘫了。淑英做活时，就把女儿用带子拴在外屋过道单人床床框上，时间久了发现孩子肋部有点变形，于是决定我住桥头单身宿舍，从老家把孩子姨请来帮忙照看两个孩子，从此淑英的压力大为缓解。

八二一最早托儿所建在五郎堡顶上，全是干打垒房子。女职工生下孩子56天就可入托儿所，淑英负责小班，孩子一闹腾不但要哄抱，还要端屎端尿，托儿所进粮、进煤还要参加搬卸，尽管如此劳累，没一个人喊苦叫累。淑英在托儿所工作15年，虽然是“五七工”却长期担任班长，曾多次被评为先进工作者。随着八二一转民，又转入水泥厂看澡堂，工作到50岁退休。

王淑英的故事，只是八二一“五七工”一个缩影，她们为抢建八二一也作出了自己的贡献。

25

怀念老书记杨唯青

段厚基

今年是八二一厂建厂 50 周年。50 年里，八二一走过了艰辛的历程，取得了可喜的成果，精彩篇章道不完说不尽。这时，我想起了为我厂的创建付出心血的老党委书记、令人怀念的老领导杨唯青。这位“三八式”的老革命，虽于 2012 年以 94 岁高龄离开了我们，然而他优良的品德、朴实的领导作风和一心扑在革命工作上的可贵精神，永远令我们思念和铭记。

奔赴延安找党

延安是 20 世纪 30 年代革命热血青年最向往的圣地。青年时期的杨唯青目睹了日寇的侵华暴行，感受到国民政府的腐败。当时正在河南唐河县上初中的他，血气方刚、一腔热血，在老师进步思想的影响下，于 1938 年秘密联络了 9 名志同道合的同学，毅然地走向了“奔赴延安找党去”的道路。

那时从河南省唐河县到南阳步行了 3 天，后经许昌到西安，当时不知延安在何处，只知离西安不远。他们不敢公开询问，只能边走边偷偷打听，还要躲敌人的盘查，晚上靠北斗星定方向，腿脚肿了，照样凭毅力坚持前行。

奔赴延安的 9 名青年热情奔放，去向坚决。在去延安的途中，住在一家农户的院子里，大家合计每个人给自己起一个新名号，标志着与旧的决裂，新的开始。当时名叫杨清章的青年学生，起名为“杨唯青”，喻为救国救民、投奔共产党，是青年的唯一出路。就是这位起名为杨唯青的青年，和他的同伴经受了严峻的考验和磨炼，一步步走向革命征途。

1938 年到“陕北公学”47 队，校长为李维汉。当时没住处，自己动手挖窑洞，在地上铺上麦草，晚上睡觉特别香，特别踏实。真像到了梦寐以求的家，那心情别提有多高兴了。

生死交给党

一个革命者，一旦明确了方向和目标，就会为此而奋斗，甚至不怕献出生命，杨唯青就是把自己的一生交给了党。

在延安抗大学习数月后，1939 年 1 月毛主席号召“到敌人后方去！”，杨唯青便于 2 月份过黄河到晋东南。从此，他马不停蹄的转战南北，投入到与国民党反动派、日本鬼子及汉奸的残酷斗争中。在战争中学军事、经考验，心中有宗旨，不怕丢性命，经大小战斗 10 余次，如平昌战役、晋西南战役、成都战役等。1951 年，杨唯青又参加了保家卫国的抗美援朝战争。

杨唯青曾在回忆中说：每次战斗中，难免有倒下去的战友，对于那些倒下去的战友，至今还印记在脑海里忘不掉。在“北向店”战斗中，杨唯青同志带领连队掩护部队撤退，子弹在头顶上飞鸣，敌人狂喊“抓活的！”战斗异常激烈。杨唯青打红了眼，不知退缩，被战士拽住皮带冲了出去，胜利完成了任务。老书记怀念失去的战友，痛苦地说：“数次负伤，然而我命大，阎王爷不收留，还留下一条命。”

1943年6月，日寇汉奸扫荡，身为指导员的杨唯青带领他的战友与敌拼杀，有位战士，被敌人击中太阳穴，鲜血喷了他一身。在一次与日寇的遭遇战斗中，有位卫生员，肚子被击中，肠子外流，趁日寇扑上来的刹那间，他拉响了手榴弹，与鬼子同归于尽。每当叙述牺牲的战友，老书记总是语音低沉，眼圈发红几乎哽咽。

正因为我们祖国有这样伟大的战士，不怕牺牲，勇往直前的优秀儿女，才有我们今天的幸福生活、红色江山。老书记曾多次语重心长地对我说：“要珍惜我们今天来之不易的幸福生活啊！”

贴心的老书记

杨唯青作动员讲话

老书记杨唯青，职工亲切地称为“我们的老书记”“心中装着群众的老领导”“建设八二一有功勋的老书记”。职工群众还清楚的记得，从四〇四厂的建设到八二一厂的创建，一遇到滂沱大雨，总会看到一位头顶草帽、身披雨衣、裤脚捲起的人，走食堂、看仓库、到临建的职工家属棚屋中，询问“房顶漏不漏雨？”“晚上睡觉当心着凉，别冻坏孩子。”这“雨中情”式的走访，嘘寒问暖的话语，总是让人心里暖烘烘、甜丝丝的。

记得抢建八二一初的1970年春夏之交，厂里决定在汛期到来之前，修一个临时码头，以供运输和进入现场人员使用。指令下达，立即组成修建码头的大军，以“人海战术”传递鹅卵石，以双手代替机械，人们浸泡在齐腰的深水中，“击鼓传花”式的运送鹅卵石。在这抢修码头的几条长龙队伍里，排在最前头的正是党委书记杨唯青。一身泥水、一脸污泥，换来了码头长堤。如今，当我们站在长达200余米的白龙江大桥上，老书记带领我们搬运鹅卵石修码头的火热场面，如在眼前。

职工说老书记是“官”，但没有官架子，平易近人、和蔼可亲。只要和他打过交道的人，无论是大小干部、普通工人，一见面他就能叫出你的名和姓，知晓你的家庭成员，甚至小孩的乳名都可能叫得上来。有人说老书记脑子好使，记性好。其实大家都知道是他内心装着群众，和大家心贴心。

说起老书记的脑子好使、记性好，的确令人惊叹。有一次，我在桂湖公园前广场上写地书，坐在轮椅上的老书记经过时停住招呼，我正在书写毛主席的《沁园春·雪》。当写到“北国风光、千里冰封、万里雪飘”时，老书记似乎诗兴涌心头，接着一口气一字不落的背诵下来。他读诵时底气十足、轻重韵律拿捏得恰到好处。现场围观的人群对这位92岁高龄的老人如此精神，无不敬仰钦佩，掌声不断。此时我不由自主的想起那首歌曲“革命人永远是年轻”，真是一颗不老松、冬夏长青的老书记。

在那个动乱的文革年代里，老书记也曾遇到迫害，两颗牙齿也遭其难。子女们为他的安危着急，此时的“糟糠之妻”张文秀却坦然说：“别怕，我和你爸度过半生，他的人格品德，我比谁都清楚，我相信共产党，怕什么。”革命的贤妻稳住了阵脚。提起这事，他并不放在心上。他说那是年轻娃娃们不懂事、被利用，他们本质并不坏，随着年龄的增长、社会阅历的丰富，他们会认识到自己的错误的，不要埋怨他们、忌恨他们。襟怀宽如海，处世乐无穷。这就是大度胸怀的老革命，乐观处世、心地善良的老书记。

文化大革命中，对立的两派，对杨唯青的“打倒”与“结合”问题上，较劲斗气、争论不休。为此，两派抽调人员外调审查，从西北调查至东北，从部队调查至地方，反应最多的无非是“部队培养的尖子、对党忠诚朴实的好干部”。在多方面查询中，找到当年杨唯青的老上司、时任鞍钢军管会主任的何渠若将军。当这位将军听到两派为杨唯青的问题相争不让时，何渠若同志斩钉截铁地说：“杨唯青，我们的干将、我的老部下在你们单位，当年为了支援二机部，我们是舍了心头肉给你们的。如果你们还争论，可以把人退回来，我们部队敲锣打鼓的迎接他回来”。就这样，两派不再纠缠争论，老书记杨唯青得到了“解放”。他继续挥戈上阵，建设三线，勇挑重担，率领建设八二一大军，投入了“备战备荒为人民、抢建三线八二一”的伟大战斗中。

老书记杨唯青于1985年离开了他为之奋斗多年的八二一厂，享受国家副部级待遇的离休生活。当同志们知道此消息向他表示祝贺时，老书记说：“当年参加革命，谁想到什么这个头衔那个头衔的待遇，我的战友倒下去那么多，他们为了什么？我能活到今天，能看到国家繁荣富强、看到中华复兴、国富民强，这就是对我最大的安慰、最好的待遇。”言为心声，句句心语道出了一位革命家的宽阔胸怀和一生的追求。

老书记的动人事、感人情，尤其他和八二一领导团队率领八二一人攻坚克难抓抢建，为固国防讲奉献的精神和故事，单靠几页纸是说不完、道不尽的，他虽然走了，但却给八二一人留下了一笔宝贵的精神财富。

26

留苏专家陈玉祥

张克凡

在八二一厂，有一批执着追求，献身国防事业的老科技人员。他们于二十世纪五、六十年代毕业于重点高校，服从组织安排，走进戈壁沙漠，钻进深山老林，一干就是一辈子。有的退休后仍在发挥余热，默默地奉献着自己的聪明才智。陈玉祥就是其中的一位典型代表。

陈玉祥是中核集团八二一厂原副总工程师，研究员级高级工程师，四川省国防科技工业优秀共产党员。他1955年毕业于南京工学院热动力专业，1958年到莫斯科动力学院核能动力研修。回国后，参

陈玉祥工作现场照

加中科院原子能研究所重水堆建设和物理启动，后又到核工业研究设计院参加反应堆工程设计。1960 年因援建国苏联背信弃义，撕毁合同，销毁图纸，撤走专家，使工程处于停顿状态。当时党中央国务院要求：自力更生，艰苦奋斗，用中国人民自己的双手，按计划建设。1961 年组织上指派陈玉祥任 801 工程设备清查组副组长，对反应堆设备到货情况全面清理并列出清单，为自行设计研制关键机械、电气设备和监测、控制仪表提供了可靠资料。他担任 801 主体装置工程质量监督站站长期间，在西北戈壁沙漠一干就是 9 年，他从土建到安装，从预埋件到设备接通，按进度计划，保安全、保质量，如期完成了施工任务。

1969 年底，陈玉祥奉命奔赴四川参加三线建设。组织上仍指派他为八二一堆主体装置工程质量监督站负责人，与建设施工人员以及大批技术人员一起奋战数年，又一次圆满完成八二一工程抢建任务。

1988 年国庆前夕，在他担任厂副总工程师期间，因工作需要，被中核 23 建设公司聘用。他先是去广东深圳支援我国第一个大型中外合资的大亚湾核电站的工程建设，参加核电站核岛设备、管道安装，任工程管理室主任。该核电站建成后他又赴秦山参与核电二期压水堆大型设备吊装评审和核岛安全壳穹顶吊装方案评审，并与监理工程师们一起对设备冷却剂管道系统的安装进行了质量监理，保质保量完成了各项工作任务。

认真负责，精益求精是陈玉祥一生工作的座右铭。无论在浩大、复杂的工程建设中，还是在运行检修中，他都尽量深入现场了解情况，解决问题。无论是到现场还是开会，他总是带着笔记本，工整地记录着有关数据资料，对有疑问的数据进行认真核算。他集思广益，制定方案，组织实施，俨然像一个学者，但当发生重大事故时，他又像一个“将军”，率领大家奋不顾身处理事故。1969 年初的一个深夜，四〇四厂生产线突发工艺管元件烧结事故。陈玉祥得知消息，便立即赶到现场，在反应堆大厅外的玻璃窗前看到吊车下被拔掉的工艺管元件正在燃烧发红，便立即命令大厅吊车操作人员把烧红拔断的工艺管吊入水池冷却屏蔽，接着他与在场的总工程师、分厂厂长和值班主任一起商量，制定了事故处理方案，随后不顾个人安危，冒着高剂量奋力抢险，连续坚持24小时，终于排除了故障，恢复了正常生产。事后，党中央国务院非常关心核工业一线生产人员的安全，周总理指派军用飞机把在处理事故中受核辐射剂量大的陈玉祥等28人接到北京307医院检查治疗。国防部长粟裕大将还亲自到机场迎接，他们受到了英雄般的礼遇。八二一厂出现第一次管道元件事故时，陈玉祥被指定为事故处理小组组长，他组织值班人员采用定位事故钻床机钻取事故原件的方法，连续战斗18天，终于排除了管道烧结事故。

坚定的共产主义信仰，对党无限忠诚是他的力量源泉。陈玉祥出生于福建龙岩的一个农民家庭，是党把他培养成我国第一批核科技专家。1957年11月7日，在莫斯科大学礼堂，毛泽东主席亲自接见陈玉祥等人，毛主席说："同学们，你们是早晨八九点钟的太阳，世界是属于你们的……"当时陈玉祥就站在前排。1966年3月25日，老厂801工程试车投产前夕，党中央总书记邓小平以及李富春、薄一波、刘澜涛、蔡畅等中央领导到工地视察，总工程师姜圣阶就801工程反应堆的本体结构、回路系统、产品生产的物理过程以及现场施工等情况向中央领导做简要汇报，接下来放映中央新闻纪录制片厂摄制的未经配音的纪录片时由陈玉祥站在放映机旁的麦克风前亲自为中央领导解说。两位领袖对核工业的高度重视，促使他一直为核事业竭尽全力，数十年不懈怠。

陈玉祥同志退休后，一直关心企业的工作，继续为我国核事业发挥着余热。在他返聘期间一边坚持工作，一边把他长期积累的学问和实践经验，毫无保留地写成论文和职业培训教材。他先后发表了《压水堆核电技术比较》《核电站汽轮的技术发展》《核能发电的现状与发展》等30多篇论文，还利用业余时间为施工单位撰写了《核电讲座》《反应堆安装讲座》《核电反应堆理论基础》《反应堆物理计算》《反应堆热工、水力计算》4部教材，约30余万字，为我国核工业发展和人才培养作出了贡献。

陈玉祥把自己的一生都奉献给了祖国的核事业，中国核事业大厦，正是靠这样一批技术骨干支撑起来的，他们是中国核工业的宝贵财富。陈玉祥虽然已经走了，但他以身许国、严谨认真、勇挑重担、迎难而上的精神，必将激励着八二一人再创辉煌。

27

我的抢建经历

邝惠芬

20 世纪 50 年代末，中苏关系恶化，苏联对我国进行核威胁。在这样严峻的国际形势下，中央决定抢建八二一工程。我和爱人从广东韶关于 1970 年 4 月来到八二一厂。

抢建八二一本着先生产、后生活的方针，所以我们来到八二一时，李家梁、黑石堡等生活区还是荒山，原住在此地的老百姓还没搬走。因为工程施工队伍都在抢建厂房，他们全部在工地搭建席棚，吃住在现场，抢建工作日夜施工，热火朝天。而职工的住房先由自己动手解决。调来的几千名职工和转业军人全部安排在抢建地及附近老乡家中，连绵几里的农家都挤满了我们的职工。我的第一个房东是街上老刘家，他家姐弟两家共住 2 间住房，大约 30 平方米，为安排八二一厂职工，将两间隔成 4 间，姐夫家 5 口人住 1 间，弟弟家 4 口人住 1 间，另 2 间安排给了 2 户职工住，楼上杂物间，也隔成了 2 间住房，安排给了 2 户职工，就这样一家农户家住进了 4 户职工共计 9 人。当时地方政府和群众都把安排好八二一职工当作政治任务来完成，是支援国防建设的光荣任务。我住的阁楼是斜坡形房顶，低的一面只有80公分高，人无法站直，房顶和板墙被浓烟熏得漆黑，且四面透风，我们用硬纸板将房顶和楼板以及透风处糊上。楼梯是用木条做成简易梯，但相比起来，我们的条件还算较好，因为还有很多的职工家住在席棚里，住在老乡家的猪圈或牛棚，条件更为艰苦。

抢建时期工作场景

男单身职工住在区革委的会议室，这里也是我们二队的食堂和办公所在地。当时二队在李家梁上建了第一间干打垒房，住了大约10人。1970年5月的一天半夜，狂风大发，“咣当”一声巨响，惊醒了熟睡的职工，一个个冲出房外，只见房顶被大风掀翻在地上，漆黑的夜晚，这怎么办呢？他们只好回到房间用被子蒙住头、裹紧身子躺到天亮，第二天大家动手将房顶修好盖上。这事当时被当成笑话传开了，有个女同志开玩笑说，你们躺床上就能赏月看星星，多美呀！说得大家都笑了起来。我们以笑声迎接困难、战胜困难，没有怨气，仍以满腔热情投入到平整地基、打炮眼、搭建席篷、抢建小二楼的工作中。到1972年我们还建成了2栋4层楼房，

1973年厂房建成后，施工队伍才开始在生活区建楼房。

1972年，全厂大约3万人，一个小镇一下子来了这么多人，物质供应跟不上，蔬菜、副食极其缺乏，就连盐巴、火柴、煤油都要凭票供应，货架上摆的是草鞋、镰刀、小铲等小农具，布店里有几匹白布和黑布也是要凭票购买，职工根本无法自己开伙做饭，许多人都是在集体食堂就餐，厂领导想尽办法保证食堂供应，改善职工生活。

1970年8月，厂里派出第一批职工到四〇四厂学习，我和爱人都在其中，这时我发现怀孕了，无法与爱人前往。这本没有什么，但爱人临走前对我说的话倒让我有点担心，他说："你一个人在家要照顾好自己，楼梯不好，上下楼梯时要小心点"。我半年左右时间就回来了。1971年1月，爱人学习回来，我预产期是3月底，为照顾我，领导安排我住在一楼的房间，产后，爱人护理我一个星期就上班了。当时物资供应非常紧张，市场上买不到鸡蛋，更买不到一只鸡，也没有产妇副食品供应，连每月供应的半斤猪肉都没有时间去排队，为补充营养，家里只好托回家探亲的同事从潼南背回200个鸡蛋。生活条件虽然很差，可职工们建设三线的热情不减，白天上山劳动，晚上开会学习中央抢建三线的有关文件和毛主席最新指示，9点以后才能干些家务活，第二天，大家又以饱满的热情投入战斗，看见一间间临建房在我们手中建成，心里充满喜悦。我45天产假结束之后就上班了，由于厂里没有托儿所，为方便自己带小孩，领导照顾我在区革委烧开水。于是我每天背着小孩上班烧锅炉，用铁铲往锅炉内加煤，用铁钩捅煤渣，保证每天两锅炉的开水供应，从未耽误。1971年9月，由于工作需要，领导派我爱人出差绵阳，我一个人既要上班，又要带孩子，家里一切都自己做。有一天晚上8点多时，我趁小孩瞌睡了便到水井边去洗衣服，当我急急忙忙洗过衣服，提水回到家门口时，听到小孩哭，开门一看，小孩摔到地上，两腿还不停的蹬着，床边还放着一火炉，上面烧着热水，我急忙抱起孩子眼泪直流，十分后怕。

一晃 50 年过去了，时间将我的一头青丝变成白发，如今我住在宁静舒适的八二一小区中，晚年生活十分幸福。回想起抢建时期的情景，如在昨日。那时候我们的条件是如此艰苦，但我们干事创业的热情却如同一团烈火，一直燃烧着……

28

难忘的教诲

葛金元

1970年，我大学毕业来到抢建时期的八二一厂，在这里生活、工作直到退休。回眸平生，亲身经历和耳闻目睹了八二一建设、生产中的许多人和事。岁月流逝人已老，往事为烟渐遗忘，但还是有些人和事未能忘却，其中就有一次难忘的教诲。

记得刚报到是在宝轮镇，后来进沟到三堆，分到一大队二连仪表班。二连的连长是李存来，一位高大魁梧的东北汉子，当过兵、打过仗、受过伤、上过学，从老厂调来八二一厂。他为人精明能干，善于管理，领导有方，后来担任一分厂六车间主任，在他的带领下，六车间成为多年的全厂红旗车间。

当时，厂正处于基建时期，我们也都被安排参加修建临建房的劳动。有一天，我们几个军工被连里安排为临建房安装窗户。都是年轻人，劳动热情很高，七手八脚动手干了起来，很快就把临建房的几个窗户安装好了。这时，连长李存来走了过来，看了看我们安装的窗户，眉头皱了起来，他把我们几个人叫到窗前，指着我们安装的窗户，严肃地说："这就是你们仪表工干的活吗？你们自己看看，两扇窗子上下不齐，中间这么宽的缝。你们以为这是临建房，就可以马马虎虎，粗枝大叶，应付了事吗？"他看到我们羞愧地低下了头，又语重心长地说："你们作为反应堆的仪表工，从一点一滴起，做任何事情都要养成严肃认真，一丝不苟的好作风，好习惯，以后在反应堆的仪表运行、检修中才能确保工作质量。要记住，核无小事，细节决定成败。只有把我们每个工种，每项工作都高质量地做好，才能确保反应堆运行安全可靠，万无一失"。李存来连长的批评教育让大家心悦诚服，赶紧动手把窗子拆下来重新安装，直到窗户安装得严丝合缝、满意为止。

八二一厂，乃至整个核工业系统都有许多好的传统和作风，正是有像李存来这样的老同志，老前辈对年轻人的言传身教，才使这些好的传统作风在年轻一代职工身上得到传承，确保了八二一反应堆的安全有效运行。

这次教诲使我终生难忘，让我明白不管什么时候，从事何项工作，都要牢记自己是一名核工业职工，做任何事都要严谨认真，一丝不苟，绝不能马马虎虎，应付了事。我也曾把这个故事讲给年轻的同志听，希望把我从这次教诲中获得的收益与大家共享，使我们八二一厂好的传统作风，永远传承，发扬光大。

29

青山依依埋忠魂

——李志新献身核事业的故事

宋跟东

1994年2月24日，我们可亲可敬的李总走了。弥留之际握着爱人的手说：“我走了可别给组织上添麻烦，跟领导说把我埋在二分厂的山坡上，让我目睹后来人完成我未竟的三废治理事业”。25年过去了，李总的人格魅力和献身精神始终激励着我们前行。

执着追求

1965年8月，苦读了六年的清华学子李志新被核工业选中，他兴高采烈地告别了母校和亲人，踏上西去的列车。老师让他留校的好意没使他动摇，母亲的泪水也无济于事。“我学的放射化工专业在西北，我所追求的事业和党的需要都在那里，别无选择”。李志新几句肺腑之言把老师和亲人堵得哑口无言，大家只好给以虔诚的祝福和良好的祝愿。李志新“风驰电掣”来到兰州，我在和平饭店接到他。他举止大方，少言寡语，但说话掷地有声，第一次相见便给我留下难忘的印象。吃住还未安排好，他就急着让我订进厂的票。我让他休息几天到市里转转，他说不达目的地没有闲情逸致。我只好给他订了第二天的票。报到后李志新立即参加了酒泉地区农村的社教，和农民兄弟同吃同住同劳动，加深了对农村、农民的感情。

建功立业

1966 年 3 月到 9 月，李志新在中国原子能科学研究院 401 所参加了后处理工艺研究，对后来的工作打下了良好基础。回厂后分配在三分厂参加了 418 工程的生产准备并配合基建。在此期间，他还参与了岗位操作法的编制。当时许多人都去闹革命，他却一头扎进主工艺车间，钻研技术，学习业务，哪个岗位空缺，他就顶上去。他常说：他们抓革命，我们促生产，革命生产两不误。尽管有人指责他走白专道路，但他总是痴情不改。

1969 年 9 月，李志新作为首批生产骨干调到川北深山抢建八二一工程。还没住下，就在广元旅馆代表厂方参加了 822 工程的设计。他有一线的实践经验，对工艺流程、设备结构、仪表选择提出诸多修改意见。1970 年 3 月他又回四〇四老厂参加 418 工程试车，解决了不出料的难题，找到了设计中存在的弊端。

同年 8 月李志新调入八二一厂二分厂，开始在基建科、后到生产科。从工程师到主任工程师再到研究员直到享受国务院政府特殊津贴的专家，一直在核燃料后处理一线从事专业技术工作，先后参加了科技攻关、工程设计、现场试验、规划和操作规程的制定，积累了丰富的经验，解决了许多技术难题，为 822 工程一次投产成功做出了重大贡献。

主工艺厂房里各种管道和电缆的走向、设置布局、预埋件的位置，李志新都了如指掌，每个工号、阀门、关键部件、技术数据他都心知肚明。他的保密本就是数据库，是两级领导的“活字典”。试车初期问题较多，按下葫芦浮起瓢，忙得下不了班，顾不上吃饭。特别是热投料生产后，哪里危险他往哪里钻，内照外照他“享受”最多，对血液和肾脏造成很大伤害。但他非常重视安全生产，每次事故苗头都不放过。他负责的十三个生产周期，没发生一次“临界”事故。

为了正常生产，李志新经常带病坚持工作，拖着瘦弱的身体加班加点。他亲身参与了三十余项设备更新和改造，使生产过程更加经济合理，并获得诸多奖项，创造了不可估量的社会效益和经济效益。1992 年李志新调到总厂任总工程师，但他的大部分时间仍然在基层，扎根于核燃料后处理生产和废物治理工作之中。

清正廉洁

李志新在工作上总是要求自己干到最好，但每次评先进劳模他都坚决不要。他的理由是：荣誉是为了调动职工的积极性，难道我的积极性还需要调动吗？在待遇上，他总是严以律己，对发给他的每一笔钱都要问个清楚，不应该得的坚决拒收。当他发现家里电表走得慢，几次督促维修队维修。有一回水力压裂基础工程竞标，石家庄施工队中标，队长悄悄到李志新家送金项链和戒指表示感谢，李志新不但拒收还严肃地说：“我们都是党的干部，希望今后不要搞这一套！”队长面红耳赤，收起礼物无奈离去。

关心他人

他时刻处处想着别人。出差如坐软卧，他总要让给年长的同路人。周围的人谁家发生不幸，他都要看望安慰并给以帮助。从事放射性工作的职工可享受疗养，他每次安排他人，有人享受了两次，他未享受一次。

他撰写的学术论文多次荣获国家和省部级科技成果奖，外地的同学好友得知他的工资待遇微薄，一封封电报、一次次电话高薪聘请，他都婉言谢绝。

李志新墓地

1993 年 11 月 6 日，离生命的终点不到 100 天，李志新拖着病入膏肓的身躯到 816 参加核燃料局高工评审会，仍坚持不坐软卧。会议中途他身体支撑不住了，大家都劝他赶紧去看医生。他却说："我们厂就我一人，把大家的终身大事耽误了怎么办？再坚持两天吧。"会后，到医院一检查，医生惊呆了，把护送人员好一顿训斥："这样的病人怎么还能出差，简直拿生命开玩笑，必须马上转大医院治疗。"此刻，他仍惦记着厂里的工作："快到年底了，三废那儿还需开几个会，明年的工作还没安排好，我却在这里躺着，病得真不是时候……"

李志新为壮国威军威的核事业献出了生命。但他的精神没有离开我们。在二分厂山坡上的一抔忠骨一缕忠魂，一直在陪伴着八二一人继往开来、完成他的未竟事业……

30

难忘 1970 年

蒋贵明

1970 年 8 月 18 日的深夜，火车拖着疲惫的身影终于到达了川北的一个小站——昭化车站，我环顾车厢内，发现人们都在熟睡，无人下车。我一个人拎着自己少得可怜的行李，望了一下黑洞洞的车门外，踏上了这个将要工作一辈子的土地。

大约在 10 天前的一个上午，学校系革委会分配办把一份毕业分配的派遣证交给了我，我才知道要去的单位是国营八二一厂，报到地址是四川昭化车站，其他什么信息都没有了。昭化车站当时还是一个很小的三级站，一出站台，便是漆黑一片。在出站门口，有一纸通知，大意是到八二一报到的人，要先到“宝轮中学”去报到，那里有人接待。于是我便沿着站前唯一的一条石渣路摸索前行，大约几分钟后，隐约看到了像学校的一幢房子，进去，果然是要找的地方。接待人员非常敬业，一听有人到来，便主动迎了出来，了解了相关情况后，便带领我又走了大约十来分钟，来到将要临时下榻的“团结旅社”。

在小旅馆的第一个晚上睡得很踏实，蚊子光顾都不知不觉，只是在身上留下了许多的痕迹。第二天醒来，发现小旅馆里已经住了很多的同事，一打听，他们有哈军工的、东北工学院的、华南工学院的、西安交大的、西北工大的、北航的、北工的等等，也有我们哈工大的校友。共同的命运让大家走到了一起，成为同事，很快彼此便熟悉了起来，就像是老朋友。看得出来，尽管大家都有刚到一个陌生境地的新鲜感，有旅途劳顿后的轻松感，有终于毕业分配到了一个新单位的归宿感，但是也有突然离开了大城市到小山沟的失落感，有对前面命运的惶恐感，可谓百感交集。

小旅馆住了十天后才知道，因为分配方案未定，新员工住宿的地方还没有落实，所以我们还不能正式报到，只能在小旅馆暂住几天。有少数人想办法进到沟里去打听消息，回来给大家分享。原来，我们的厂区和将来的生活区都不在小旅馆所在地，而是在离此地还有 20 多公里的三堆镇。那里的山比宝轮的山还要大得多，我们这些人大多是要分配到一分厂和二分厂的，工作都是有放射性的，还听说一分厂的放射性比二分厂要小一些……于是，一时间，争取到一分厂、不愿意到二分厂成了大家议论的焦点，直到后来厂里专门派人澄清说明才打消了大家的顾虑。

分配方案终于下来了，我和另外十几个人被分到了当时叫一营的一分厂。到分厂去报到的日子，是一个很兴奋的日子。一大早，我们便离开小旅馆，乘厂车前往三堆。车行约一个小时后，原本狭窄的山

工地建设

谷豁然开朗，江的两边出现了一片开阔的平坝，据说是井田公社，江对面就是三堆。所谓三堆，是广元县的一个镇政府所在地，因为有一片平地，当地人叫三堆坝。其实这片平地，也仅仅是长不过 2 000 米，宽不过 500 米而已。因为当地本是大山之中，就这样一块小平地也是凤毛麟角，实属难得。真得佩服为八二一选厂址的人怎么就在这大西南的崇山峻岭中找到了这么一个宝贝地方。从井田公社到三堆坝，中间有一条在中国地图上都能找得到的白龙江。江面宽阔，约有 150 米宽的河床中大部分是石滩，只有中间 30 来米有水，水很深，水流很急。当时，河上只有一条很破旧的铁索吊桥，桥面上的木板已不完整，基本上没有安全感了。正式的大桥还没开始修建，只在河的两边各修了一个临时的码头，过往车辆和行人都得靠渡船。就这样，我们经过乘车、渡船、步行总算到了我们将永远要居住的三堆坝。

上岸后，我们便分道扬镳，各自寻找着自己报到的地方。我们几个分到一分厂的同事，顺着田间的羊肠小道，穿过一块块的玉米地和水稻田，找到了一处民房，这里就是一营营部所在地。报到手续很简单，只是宣布一下每个人分配的连队，大家就又到连队去报到。我被分到了二连。二连连部在坝子中间的一间民房里，民房里一般都住着好多户人家，比较脏乱，而且有很多凶恶的大狗，对于新到的陌生人总要狂叫一阵，当然后来彼此渐渐熟悉了，它们也就没有那么凶了。我们一同分到二连的同事共有 11 人，三位女的，八位男的。我们 11 个人组成了一个临时集体，由连队安排刘万福带领着我们参加各种活动。由于当时各种政治运动、政治学习、保密教育不断，每个晚上都要到营部或是连部去学习。开会、讨论、发言、写心得是家常便饭，好在我们都是从那个时期过来的，背个毛主席语录、写个学习毛主席著作的心得还是驾轻就熟的。通过这些学习，我们也才弄明白八二一厂是个什么性质的单位，我们今后到底要干什么。我们八二一人肩负着国家战略安全的大事，既是责任重大而神圣，又是任务光荣而艰巨，弃城市而进山沟，弃舒适而选艰苦，是我们这一代人的历史责任。期间，还组织我们到厂房建设工地进行了一次实地参观。

时间进入到了1970年9月，山沟里的天气开始转凉，洗澡问题成为了当时生活区的突出问题。为了解决洗澡问题，厂里决定修建一个澡堂。这个任务便交给了我们这个小组。我们十几个人在修建处冯达志等几个师傅的带领下，开始搬砖弄瓦、抬沙子和水泥。我们这些刚从学校出来的人哪干过这些活，但在师傅的指导下，从放线、挖地基、到彻砖、抹水泥什么都干，到国庆节前夕，终于用我们的双手在生活区建起了生活区第一个正式建筑，解决了大家的洗澡问题。

国庆节，往年在学校都要举行盛大的国庆游行。自从离开城市后，虽然才一个多月，但是由于角色的迅速转变，条件的巨大反差，整天在工地的辛苦，似乎把过国庆节的事忘得干干净净，也想象不出在山沟里会怎么过国庆节。但是谁也没想到，八二一厂的第一个国庆节，我参加工作以来的第一个国庆节，却是过得非常隆重，非常精彩。连续几天下着阴雨，在国庆节前一天突然放晴，蓝天上飘着朵朵白云，飞凤山上的雾气在山头上慢慢飘散着，就像仙女驾云一样，周围青山如洗，三堆坝青翠欲滴。10月1日，八二一各营部、连部都挂上了横幅标语，显得格外耀眼。上午10点，员工从四面八方汇集到各营住地，排着整齐的方队，抬着与城里游行一样的标语牌，彩旗飘飘，敲锣打鼓，浩浩荡荡，歌声、口号声此起彼伏，使沉睡了千年的三堆坝突然变得热闹非凡。老百姓纷纷走到路边驻足观看，一些小孩更是喜欢得不行，沿着游行队伍跑来跑去。游行队伍在三堆坝沿着街道转了一圈后，要乘船过江到“桥头”的指挥部去汇合。为了人和标语牌安全过江，我们排队等了很久，在指挥部集会完后还得返回，所以就那么点距离的游行，还把我们弄得人困马乏、饥肠辘辘，到下午3点多才回到食堂享用红烧肉大餐。这是八二一厂的第一次国庆大游行，真的是终生难忘。

31

难忘的记忆

陈玉祥

1969年11月17日，编入军列的一列客车和一列行李车离开大漠戈壁。我们一行数百人携家带口，从四〇四厂调到川北山区。一下火车，就有卡车接我们到虎跳镇，暂住在农民家。半山上的熊大爷，把棺木移到屋后，腾出堂屋，让我们一家有了安身之地。

八二一工程抢建铺开之后，核设施的金属承重结构，数万台设备、电气、仪表安排在全国各大工厂加工制造。大连造船厂和金州重型机械厂负责承制金属承重结构。1970年3月初，接到现场工程指挥部的通知，要我带崔承乡、潘志康等技术骨干去大连解决加工制造中的技术问题。当时由23建设公司安装队柳楚货工长任驻厂代表。当我到达造船厂时，他立即赶回工地。五天后，带来了孙华厂长的指令，任命我为大连地区驻厂代表组长。大连造船厂是国内数一数二的大造船厂，3.6万吨油轮正待下水。他们对承制八二一工程金属承重结构的工期短质量要求高不太理解。进厂后，在加工大厂房前方海滩的船台上，我们看到两艘新型导弹驱逐艇，在绿网掩护下正在组装建造。我找到海军某艇队驻厂军代表师政委，简单汇报了八二一工程金属承重结构是国务院下令抢建的军工厂重要设备，一定要保证质量半年内交货，以确保抢建工程的急需。于是，师政委在一次船厂职工大会上动员说："十艘万吨油轮下水，还不如抢建一个八二一重要，一定要精心制造，按时交货。"这才引起了造船厂技术人员和工人的重视。他们日夜赶工，按图纸技术要求和国家焊接、铆接、喷涂、防腐、镗孔规范加工制造。为了配合现场的质量检验，我请示工程指挥部马正一局长，及时购置了测厚仪和必备的量具、卡具，我和23公司派去的工长，亲自配合加工进行检验，并绘制了检测记录图。铆钉不合格的铲除重铆。我们及时处理了超声波探伤发现的进口不锈钢板局部重皮缺陷，水箱由于焊接收缩而引起的外形尺寸超差等问题。

苏联留学时期的陈玉祥右二

正当两千多吨金属承重构件加工完成、包装待运之际，因军运有特殊任务，军运组安排一个月后首先发运八二一的设备和构件。由于构件属超长超高超重运输，为了能通过隧道，沈阳办事处白枫桐同志帮了不少忙，安排了运输路线，使金属结构件按时安全运抵工地。

接着，孙华厂长又命我带领高级工裘人官师傅去上海、武汉各制造厂，了解设备的加工质量和进度。我们发现工艺管调节装置操作时容易松动，使用前作了修改。海石湾住厂代表韩国生发现石墨制品的中心孔超公差，接着我又带领技术人员把成都量具厂制造的通棒送至北京国家计量局鉴定合格。冶金部指示海石湾冶炼厂，对数万箱石墨制品的中心孔超公差进行拉孔返修。在现场和制造厂搭建经空气净化的临时返修车间，安装拉床进行修理，为一次启动成功创造条件。

回厂后，张清泉总工程师和我被指定为工程基建组负责人，分别对回路系统设备以及本体安装进行质量监督和管理。后期我任工程分指挥组常务副组长，主持工程例会。当第一层承重水箱安装就位时，发现安装设备有不同程度的间隙，经现场指挥部连夜开会研究，决定重新吊起再就位，孙华厂长亲临现场督战。23 建设公司吊装人员在 24 公司土建人员的密切配合下，用了 4 台承载力为 200 吨的油压千斤顶，在 300 吨桥吊的配合下，终于再一次坐浆安装成功，为工程的安装打响了第一炮。

在石墨柱体安装中，杨生发、杨振德、叶剑凯配合质量监督，认真负责。技术员叶剑凯发现某石柱比一般水平高出 10 公分，探测后发现是一块橡皮留在接合面上，经采取安全措施取出橡皮后，保证了施工质量。

朱秀鼎处理了球形支座承载设计负荷问题，邓积仓在武汉锅炉厂发现支承未经退火处理，后补做，保证了部件制造质量。

工程接近竣工，回路冲洗合格。孙华厂长指着我说，现在就看本体了。我说：国产石墨核技术指标优于进口石墨，安装空间空气净化、温度、湿度、微尘含量及颗粒符合指标要求。安装单位严格按设计技术要求施工，保证质量，预计启动会一次成功。

核装置一次启动成功后，核工业部姜圣阶副部长、军管会首长、现场指挥部领导与全体职工，共同庆贺又一座反应堆建成投产。生产运行中，全体操作人员坚守岗位，认真指挥，精心操作。检修人员密切配合，对设备、电气、仪表、控制检修，精心维护，有力地确保了核安全。

投产前后调来一批河南、四川籍及其他省市的转业军工，还有崇明一批青工，成为生产骨干。为拿出合格产品出大力，耐大劳，他们功不可没。

投产一年后，出现09-02管道烧伤的突发事故，我被指定为事故处理小组组长，在分厂吕春茂厂长、张清泉总工程师的领导下，组织各在值人员奋力抢修，夜以继日连续奋战18天，终于消除事故，恢复生产。

时光流逝，岁月难留。来厂时我年富力强，现在已成退休老人。近期我有幸被外单位监理公司聘用，参加八二一蒸汽系统改造监理，又参加124残液水泥固化生产线建设监理。我一定公平、诚信，按工程建设监理规范，与项目部全体监理工程师一道，做好建线的工程进度、质量和业主委托的有关投资控制工作，发挥余力，为核工业再作微薄贡献。

（写于2004年）

32

抢建八二一的日子

高盛清

1967 年，我从北大核物理专业分配二机部国营八二一厂。但我没有直接进厂，和分在四川几个企事业单位的 1 000 多名大学生到石家庄 63 军农场劳动，主要是种水稻。在农场劳动三四个月，我被任命为副指导员，在农场劳动一直到 1970 年春节前才结束。

由于中央决定抢建八二一厂，1970 年 3 月 30 日，在我们分到四川各厂的学生中抽调 100 人，重新分到八二一厂。3 月 28 日早晨三点钟，我在广元宝轮火车站下车，因不知到哪找八二一厂，只好在候车室呆到天亮。第二天，我到候车室外反复打听，终于有一名同志告诉我，交通旅馆有八二一厂的住在那里。我到交通旅馆，找到八二一的同志，他告诉我新来大学生都在宝轮中学报到。我到宝轮中学报到后，就在宝轮中学住下，陆续到来的 100 名大学生住在两个大教室内。3 月 31 日，八二一厂组织部王占元同志给我们开会，安排我们在宝轮中学集训 15 天，同时叫我帮他组织队伍。集训期间主要由有关部门负责人，给我们讲厂里的生产性质、厂规厂法，特别请保卫部负责人讲保密守则。因八二一工程的特殊性，保密要求比较严格，给家里人写信都不能讲在什么地方、干什么的，通信地址只用成都345信箱。

4月15日，我们集训结束，几部大卡车把我们运到三堆镇铁索桥头，那个铁索桥很破，有的板子都掉了，走起来两边摇摆，十分令人担心和害怕。第二天就有大人和小孩掉到白龙江了。我们用小板车把行李扶着，小心翼翼通过铁索桥一直拉到魁星楼旁区政府小院内，100名学生住在一间会议室里，是用双层木板搭的通铺。

当时按部队编制，一分厂叫一队，二分厂叫二队，下面叫连、排、班。我们100名学生分在一队和二队，我被分在二队，当时队长是王维清。

八二一厂抢建时，建筑公司、川交工程公司等数万人在大山沟里修公路、建厂房。搞工程设计的，有的住在广元指挥部，有的住在三堆老百姓家，和设计院配合建筑公司抢建。我们这100名大学生和部分职工就在李家梁盖房子。当时是先生产后生活，因此建筑公司都去抢建厂房，我们在李家梁上盖宿舍。我们开始干打垒，就是用两块木板夹着，中间填上黄土，然后用杠子夯实做墙。墙打起后，上面才开始钉油毡，我们盖了三间打垒，可到六月份，一场大暴雨房子统统冲垮了。

抢修公路

才到三堆，生活也是很苦的，没有菜吃，从白龙江拉水吃，有时下大雨了，水是浑浊的。

23公司、24公司几万人就在沟里山上住木板房，很热。川交公司更辛苦，他们四家住一个帐篷，帐篷每个角上放一张钢丝床，内部用布帘挡一下，每家一个蜂窝煤炉，吃饭、洗漱都在外面。

到8月份，又从21基地转来800多名军工，在他们到之前，我们已把板房准备好了，军工住进了木板房，我们仍住在区革委，过着军事化生活。

我们仍然在李家梁上盖房子，鉴于前期干打垒被大雨冲垮的教训，窗户下面用砖，窗户上面用土坯。木材、水泥、砖、瓦都是从外地运到白龙江公路边，再用船运过白龙江放在河滩边，然后完全靠人抬肩扛通过玉米地中的羊肠小道运到李家梁。无论三伏、三九天气，不分中午晚上就这样搞运输，当时还把这条小路称为“胡志明运输线”。

在当时的影响下，干打垒到底怎么盖？有人提出来干脆一砖到顶，全用砖好看。但坚持干打垒精神的人反对，说这样干就不是干打垒了是洋房。最后还是决定窗户以上用土坯。

我们二排分成三个作业组，会砌墙技术的砌墙，年轻力壮的搞运输，年龄较大的知青同志打土坯。不管白天、晚上还是节假日，在山上热火朝天的干了起来。经过几个月的奋战，十几间砖瓦、土坯结构的平房盖成了。总厂在这小平房内开了现场会，全厂各单位领导和职工代表参加，二排被评为抢建三线的先进排，表扬排长既有小老虎的冲劲，又有老黄牛的耐劲，还表扬了刘承业、丁道富等。接着二分厂的机关搬入平房办公。

同时，一排同志在抢建大食堂。指挥部让二排开始盖家属宿舍，家属宿舍怎么盖，争论比较激烈。有人说干脆盖单房，有厨房、有厕所、有上下水。有人说这样不行，违反干打垒精神，要犯错误，主张盖外走廊，厨房在走廊，公用上水，厕所盖在外面，公用厕所。争论结果还是外廊通道，在楼内盖公厕，每层盖一个厕所，每户家里一个小厨房。

盖楼房，需要大批材料，从河滩上用人抬太慢了，因此决定先修通上李家梁山上公路，人工用铁锹来修，也很费劲。三伏天大太阳，修公路也是很辛苦，经过一段时间，公路修通了，大批的水泥、砖、瓦、木材运到山脚下一块平地上，但还是要人工抬到山上，水泥板还要抬到楼上，后来用手拉的葫芦吊。经过两年的苦战，我们二分厂一共盖了十几栋楼房，一个大食堂，基本上住进了自己盖的房子。

到1971年底开表彰大会，表扬先进几十人，标兵三人。彭国民、张瑞祥、朱卉、彭桂珍和我等66人评为先进，全厂标兵彭国民、张瑞祥和我三人参加部先代会。二分厂二排评为核工业部先进集体，由我代表出席国防科委先进代表大会。到1974年，厂房基建结束，进入安装阶段，建设公司调到生活区建正规住宅，抢建生活区这批大学生和军工都进厂房进行安装和生产准备。安装完后，进行试生产，由过去的班、排、连、大队改为班组、工段、车间、分厂等编制，逐渐走向正规生产。

33

“教导员”石志忠

潘宏琨

1969年深秋，戈壁核城发出的军列驶过秦岭，进入秦巴山区。车上没有军人，没有军需装备，一车都是奔赴三线八二一厂的职工及家属。一路上，车厢里充满喧闹，年近半百的石志忠却神色凝重，时常半眯着双眼思考着什么，仿佛当年出征时的状态，热血沸腾……

这位参加过抗日战争和解放战争、参加过中国第一个核燃料生产基地创业的老兵预感要迎接的是一场艰苦的战斗。果不其然，到了八二一，工程指挥部任命他为一大队思想政治工作负责人。那些刚转业的军工就按照部队建制称呼他“教导员”。开始他不接受，天底下哪有职工给领导安排职务的事儿啊！但大家天天这么喊他，时间长了，“教导员”就成了他在一大队的通用称呼。这也是建厂初期那个特殊年代留下的一个趣事。

“教导员”是三八年参军的老革命，打过日本鬼子，孟良崮战斗打过国民党王牌74师；参加过淮海战役、渡江战役、解放大西南战役，作为18军主力部队在昌都战役中打开进军西藏的大门，为西藏和平解放作出贡献，南征北战多次负伤，还失去一只眼睛，荣获中华人民共和国三级独立自由勋章和三级解放勋章，论资历在八二一厂算是比较老的。

一大队建立初期有七百多人，真正从事过堆工运行检修的人员不足三分之一，绝大多数是刚从部队转业的军工。“教导员”身先士卒，和职工一起参加基建，安排各类人员外培和内培，让职工了解熟悉堆工系统和设备原理，组织技术人员编制操作规程和系统图册，为确保反应堆顺利试车投产呕心沥血。

那个年代，粮油是按人头定量，蔬菜奇缺，更别说吃肉了。职工每天的工作量很大，很多单身职工连吃饱都成问题。“教导员”想到朝鲜战争和他亲历进军西藏的体验，认识到不解决好生活后勤就难以保证工程顺利进行。于是，他和一些老同志向工程指挥部建议，发扬南泥湾精神，利用移民搬迁后留下的田地和厂区周围的荒坡开展农副业生产，自已种庄稼来解决吃不饱的问题。这个建议得到指挥部同意后，一大队在杨家沟和附近的山坡上拓荒开垦，栽种小麦、玉米、水稻，收获后统一交到食堂，用以改善职工生活。这个做法延续多年，效果很好，后来总厂成立农副处，专门统管这项工作。在这个事上，“教导员”立了汗马功劳。

“教导员”身上总透着军人的作风，严肃认真，雷厉风行。厂里有什么难以开展的工作总会想起他，他一去就能很快打开局面。他的文化水平不高，奇怪的是竟然主持开办了四〇四和八二一两所技工学校。两个技校都是在短时间内完成组建并开始招生，可见他的工作效率。除此之外，他有时间也管“闲事”。李觉副部长来厂时，闲暇时间他抽空去拜会这位当年18军的老首长，聊老部队、聊西藏，聊八二一，并趁此机会告诉老领导，厂区1号哨设置在公路拐弯处，前面是陡崖，后面是河沟，一旦发生落石或地质灾害，就会给哨兵和哨所造成损伤。当年在西藏时，18军就出过这样的事故。李觉副部长采纳了这个建议，果断让指挥部安排将哨所迁移了一百米左右，既安全又隐蔽。

“教导员”是1940年入党的老党员，党性极强，强到似乎有点不近人情。有一年，厂里规定每个老职工家可以安排一个孩子进厂工作，其他孩子就要上山下乡。“教导员”深知动员职工让自己的孩子下乡务农不是一个简单的事，便“大义灭亲”先从自己的孩子入手，不光让高中毕业的儿子到山沟里插队落户，还把初中毕业的女儿也送到偏远山区当知青。这下他的工作好做了，说起话来理直气壮。时隔多年，他的子女更能领悟他的良苦用心，领导就要率先垂范，打铁还需自身硬！

左一为石志忠

“821”工程主体在1972年基本建成，这个时候，总厂又调他去负责“822”工程。一大队“教导员”变成二分厂厂长。在一大队工作了两年之久，很多老同志始终没有忘记他，在位时因工作得罪了一些人，原曾想不管孰是孰非，只要心安就罢了，谁料想离休后，反而有很多人去看望他，表示理解的有之，表示敬佩的有之。“教导员”病逝后，自发送他的竟有百余人，大家都说他是好人，好人走了就该来送送……

在建厂五十周年的日子里，回想这半个世纪的波澜壮阔，回想那段激情燃烧的岁月，总会想起“教导员”以及和“教导员”一样的老领导、老师傅……正因为有了他们，才有了八二一今天的辉煌。他们给我们留下一笔宝贵的精神财富：坚定理想信念，在困难和逆境中不忘初心，砥砺前行。

34

记忆中的八二一

程　霞

历史，赋予我这样的一代一个名字叫核二代，除了责任，还有那些成长中的记忆，记忆中那些风景未随时间的流逝消失，而是构成了我心中一道独一无二的风景线。我总是在不经意间打开我的取景框，找寻留在记忆深处的那些风景……

取景一：童年

童年的记忆里，我跟父母生活在一个叫三堆的地方。三堆地处广元市的西北部，那是八二一厂的职工生活基地。当年，因为父母亲到这里，我们就跟到了这里。那个年月不管上学还是工作都很单纯，没有现在那么复杂，组织安排在什么地方，我们就服从。这不是境界高，而是那个社会、那个年代的特殊。八二一厂汇集了很多人，他们从全国各地调来，审查很严，不说查祖宗三代，但至少也是根正苗红。他们中不仅有生产人员，还有搞土建的、安装的，还有医生教师等各行各业的。八二一是政企合一的单位，公检法司、学校教育、文教卫生什么都有；幼儿园，小学、初中、高中这个体系是完整的。因为我们八二一厂比较特殊，邮政地址是成都市345信箱，看起来就在成都，其实我们离成都还有300多公里。记忆中童年的生活还是不错的，副食如鱼、蛋、肉是从全国各地运来的。尽管当年的生活也凭本凭票，但这种待遇在当时还是相当优越的。

取景二：房 子

成长的记忆中，跟着父母不停地搬家。先前住在半山腰的板房里，这个板房依山而建，后面靠山的多为卧室，窗户一开就挨着了山坡，前面用木头搭桩支撑的多为厨房，每一家就前后对着一套，中间一个过道就是我儿时玩乐的地方。在1987年，我们家搬进了单身楼，虽然不宽敞一家就一个单间，但这里的条件真的比板房要好很多很多，平时到做饭的时候要么每家门口摆个煤油炉子，或食堂打点饭菜，然后几家围在楼道里聚聚，虽然艰苦，但简单快乐。再后来，随着我和哥哥长大，一间房子真的不方便，父亲就找单位申请了两间平房，一间父母住，一间从中间木板一分为二我和哥哥一人一半，这个时候我才算有了自己的独立空间，虽然不够好，但终归也是很满足的了。直到1990年，我们家才真正意义上的搬进家属楼，烧上了传说中的天然气，真的是一种质的飞跃，不同于板房和单身楼的煤油炉子，也不同于平房里的柴火和煤炭，那时我也不知道用怎样的语言去表达当时的心境，简单一个词就是美好。如今，我在八二一广元小区终于有了自己的楼房，但房子在我的记忆里总是心有千千结。

取景三：文化生活

当年的文化生活其实很简单，每个聚居点都有一个电视机房，晚上7点开门，大家都在那里守着看新闻联播。八二一还有广播站，一天三次广播，有点像军营。早上叫起床准备上班，下午的时候报一下厂里的生活生产什么的。我们还有自己的电影院，在我的印象中，那个时候不常去，偶尔有六一、五四的包场会去看一下。电影我不记得是多少钱一张票，但对于我来说是一种奢侈。所以更多的时间儿童文学、少年文艺成为陪我成长的最好玩伴，虽然不能每期都买，但偶尔攒钱买下的一本都成了我最珍贵的收藏。

取景四：成 长

除了生活艰苦以外，那时的交通很不便，所以八二一厂就形成了一个相对闭塞的圈子。我在这儿上了小学，上了初中，上了技校，在厂里参加工作了。我这个核二代今年40多岁了，这代人对八二一生活区的感情相当丰厚，毕竟这是我们的第二故乡，当年父

老生活区留影

辈们从四面八方汇集到这里，后来由于地震离开了。我挺感慨，毕竟在那个地方生活了几十年，前半辈子都撂到那儿了，太多的记忆真的舍不得。现在八二一已经完成了转型，正在以一个全新的姿态续写新的辉煌。忆旧并不是沉醉于过去，只是让我记住父辈们为建设八二一所付的那一分艰辛。今天，八二一赋予我们了新的历史使命，我能做的就是爱岗敬业，在自己的岗位上好好工作。

我关上取景框，仍然沉浸在记忆中的风景中。岁月悠悠,50年的风雨、50年的奋斗，核事业从无到有，是父辈们用铁打的精神、坚韧的毅力，筑就了核工业“四个一切”精神，成为新时代核工业人的力量之源……

35

抢建时期的那些事儿

郑敬东

坐“专车”的经历

我 1970 年 8 月从北京工业学院分配来八二一，接待我们的叫王占元，是前辈大学生，人清瘦，说话和蔼可亲，文质彬彬，戴眼镜，让人感觉如兄长。在他那里，我知道了毛主席关于“三线”建设的有关指示，受到鼓舞和激励。他让我们住进宝轮旅馆，吃饭在中学。生活关照无微不至，他告诉我们，写信不要写单位的地址，通信只能写成都 345 信箱，然后是具体单位的编码，信封上面千万不能出现所在地方的地名，而且，信要交到单位的专门邮电所。只是，我们最关心的是，八二一厂是干什么的？他只是笑笑说，以后就知道了。

很快就领到了整月的工资，43.50 元。我说：“我们还没有上班呢，即使算上班，这个月也只有 20 天啊。”他说：“国家按照规定，上班不满 15 天的，发半月工资，满 15 天的发一个月工资；另外有什么困难或者要求，尽管说。”后来才知道，如果我们有人提出回家探亲，他也会答应，而且工资照发。

43.50 元工资，比我在学校做学生时拿的钱多不了多少。尽管这样，我仍然很快给家里寄了 20 元钱，表示自己挣钱了，可以回报父母了，然后，买了一个“家用电器”——手电筒。

在旅馆住的时间长了，心里就有些烦，尽管我们各地来的大学生有几十个，天天打篮球、爬山、看书。特别是见到老职工，问他们八二一是干什么的？离这里多远？没有人回答，都是嘿嘿一笑，打“马虎眼”。我们的心里都难免不踏实。他们有些人也住在旅馆，天天乘汽车进“山里”去上班，也有住在“山里”出来办事的，都一个“腔调”。不过，后来，终于打听到，他们大多有 18 元“保密费”，所以，很多事情不能告诉你。

我们有时在街上吃饭，饭馆苍蝇多。有次我拉肚，住进了职工医院。医院是临时寄住在荣誉军人学校的，化验结果是痢疾。医生们搞中西医结合，自己上山采药，熬中草药给我喝，还扎“银针”，针灸治疗，一个星期就出院了。职工医院的医生，利用业余时间上山采药，无偿给医院，给职工治病，这个优良传统，中医科一直坚持到二十世纪九十年代，我多次在周末看见劳动模范冯世荣等中医采药归来。

后来，经过我一再催促，王占元同意我进“山里”去“一队”报到。我一手提着里面全部是书的纸箱，一手提着在北京买的行李箱，背上是铺盖卷，在公路上很容易就拦了一辆满载红砖的卡车，坐在砖上面，上坡下坡、摇摇晃晃、胆战心惊。约四五十分钟，来到一个铁索桥码头，司机刹车说，你到了，过铁索桥往前面走，边走边问吧。

一年后在露天剧场看文艺演出，一队的张忆佰与医院司机董师的相声就有这样的“包袱”：“我是坐专车来的！”，“你什么人，还有专车？”，“拉砖的车啊！”。全场哄堂大笑，看来是引起了大家的共鸣，那情景一直历历在目，记忆犹新。

住老乡家的日子

第一次走铁索桥，真害怕。

桥面上的木板不完整，有的烂掉了、有的木板还悬吊在铁索上。桥面离水面有 10 米。没走到一半，铁索桥晃动得非常厉害。打退堂鼓是不行的，但是失足掉到桥下也是要命的。我站在那里细细思量，不敢看别的地方，只能看桥面。慢慢地，心情平静了下来，晃动也“平静”了。于是，我慢慢挪步，琢磨怎样走晃动小，终于胜利过桥。

铁索桥下父女情

走了约十分钟来到“粮站”，木料盖的二层楼，古式建筑风格。原本是粮站，八二一来了后，地方政府腾出来给八二一作办公大楼的。接待的同志告诉我，八二一卫生所在附近另外一个老乡的二楼上。八二一是抢建，“先生产后生活”，所以，只能先挤在老乡家中生活，自己创造基本生存条件。

一队的同志把我领到一家姓李的老乡家里，房东家前门临街，后门面对小学校。我的“卧室”在房东的后门处，那里厨房与猪圈合二而一，在这个地方，用旧竹笆隔出来一块，只能放两张单人床，单人床之间只能通过一个人。后门成了我“卧室”的正门。室友叫郝宝玉，是从戈壁滩老厂消防队来的，据说年年都是劳模，老实巴交、不爱多说，支援三线建设来到四川，是反应堆本体机械检修工。

房东家 5 口人，儿子在外工作，老两口与儿媳、女儿、孙子在家，当地人习惯吃玉米糊糊和酸菜。他们腾出空间，让“工人老大哥”住进来，是无私奉献，没有任何报酬。我们借住在人家家里，自然给人家带来许多不便。坐在床上，隔壁厨房里窃窃私语声，也能隐隐听见。

我是农民的儿子，对这样的生活环境很适应。每天按时起床，到 3 里路外的老乡家吃伙食团，然后拿上铁锹等工具上山修路，接着就是修房子。在路边一显眼的墙壁上，我们还办了黑板报，漫画、诗歌什么的，内容定期更新。我们这批人，已经不再修泥巴筑的“干打垒”了，改建砖瓦房屋。建的第一栋是平房，第二栋就是小二楼，第三栋就是四层楼了。经过 38 年风吹雨打，历经 2008 年的汶川地震依然屹立。

我们连领导我们这批学生的，是前一批学生中留下的党员，名字叫程宗武。他是西安交大 68 届毕业生，从解放军农场来山沟艰苦奋斗的。我们个个都经过严格政审，家庭成分有问题的，只能回城市。

心态阳光天艳阳

后来才知道，许多人，不得不住在农家原来的猪圈、牛圈、羊圈里，当然，也有农民把他们准备结婚的新房让给八二一人住。我的老领导张敏回忆，他家先被安置在姓步的一个富农家里。房间放着一口棺材，一面直通牛棚，另一面连着猪圈。住了七八天，这位老共产党员考虑到，房东是富农，相处太好怕被人说阶级界限不清，相处太差又很难住下去。于是搬到一个仓库住，耗子太多，怕咬到才4个月大的女儿，又搬到四家合住的一个大仓库，相互之间，象征性地用席子隔了半截。

第二年春天，张敏老兄终于到厂区附近找到一间房，不足7平方米。直到1974年搬进八二一的房子，虽只是“一户型”也感觉很幸福。为什么“感觉很幸福”，有个叫尚文玉的职工回忆说，1974年，他们家千里迢迢来到四川，6口人，在山梁上搭建的席棚子里住了两年多。

我们的伙食团，记忆最深刻的菜是5分钱一份的南瓜与1毛钱一份的煮黄豆。粮食定量38斤/月，享受建筑工人的标准。

后来搬家搬到原屠宰场的一间屋子，几个“老九”挤在一个屋子里。我买了个铝锅，有时自己下面条吃。在屋檐下面，用砖头一围形成灶，捡些柴火烧就是了。不久，旁边住进一个戴眼镜的军人和她的老婆孩子。军人姓白，和蔼可亲，但是，工作上不与我们普通员工打交道，而且，他们工作的重点在生产设施建设方面，对生活区建设似乎不太关注。老太太没有工作，带着3个孩子。我们关系处得很好。1973年7月，军管会撤销，他们离开了八二一厂。

后来，担任一分厂厂长的张瑞林与我们同在这个“院子”里。他们夫妇回忆说，他们从四〇四过来，下火车跑一百多公里的山路，到了虎跳。中学校临时放假，教室腾给他们，课桌上或者地面上铺上稻草，男女分开，分别在教室里面睡大通铺。吃饭没有菜只有盐；后来，老乡送了些萝卜白菜改善生活。突然到来的好几千人，老老少少，吃喝拉撒睡，全部由山区十几个人民公社的老乡来“消化”，艰苦可想而知。

听李锋同志说，刚来时，广元县县委书记一边接受群众批判，一边精心安排八二一建设事宜。陈玉祥同志说，当年在工程现场参与工程质量监督，晚上睡在山沟里自己搭建的席棚子里，席棚子下面就是坟墓，当地人叫“乱坟岗”。

有位叫崔承芗的，以前是三门峡某单位技工，300 人中挑选了他一个调进四〇四。他说，当时要求政治可靠是党员，身体健康是运动员，业务相当于技术员。1969 年 11 月随大队人马到广元，住进农民家中。不久被安排去大连驻厂催设备，联系铁路运设备。后来进入工地现场，搭席棚子，搞生产准备。没有晒图机，就与技术员邓积仓找来玻璃板，动手搞了个“装置”，利用太阳能晒图。一分厂一车间机构成立，崔承芗当副主任。小办公楼修好后，车间只分到两个办公室，给了两个工段，车间办公室没有，车间主任田多荣带领大家自己动手，在一个工号旁边盖了个席棚子，车间领导和管理组就乐颠颠地在这里正式办公了。

崔承芗在外地催设备时，妻子刘凤鸣带着两个孩子，上山修路建房也得带着。刘凤鸣个头瘦小，于是，新来的大学生们就轮换着背孩子上山。到了山上，把孩子放在自制的棉花垫上就开始干活。有人调侃：“公私两不误哦！”刘凤鸣笑笑：“把托儿费省了。”

原广兴铝业党委书记周绍柱，当年在二分厂当车间主任。1973 年，他母亲去世，1976 年他哥哥去世，都因为工作忙没有回家参与处理。那个时候，流行的口号是，公家的事，再小也是大事；个人的事，再大也是小事。许多人、在许多事情上，真就是这样身体力行的。

记忆中的琐事

抢建时期，生活确实难。1969 年至 1975 年，八二一工程现场，全部人员每月粮食定量超过 48 万斤，仓库容量、调运都非常困难，能够保证正常生活，实属不易了。据老同志讲，刚去的时候，鸡蛋两三分钱一个，核桃两三毛钱一斤，木耳两三块钱一斤，物价倒不贵。最有趣的是，刚去时，有的干部不好意思买老乡的东西，觉得这好像是资本主义尾巴。有的老乡为了到三堆赶集，卖个好价钱，头天下午就要出门，带上干粮，走一通宵山路才能到镇上。

我睡的是铁床。脑袋碰到床头角钢，疼得要命，于是，用草绳缠上。有段时间，屋内有奇臭，找不到原因。过了许久，把缠角钢的草绳拆去，发现有一只干了的死耗子。

星期天爬山。有一次，大伙拣了许多野蘑菇，晚上一煮，香气扑鼻。王老哥是重庆“崽儿”，西安交大高材生，连当晚单位在三堆剧场举办的文艺演出都没去看，敢为人先，边煮边尝，结果中毒了，我有其他的事回宿舍晚，只品尝了几口，倒是没啥事。

我们一起住的“老九”凑钱买了理发推子、剪刀、梳子。我们都学着理。广西的瘳益奎水平最高，“客户”特多。第一个做我“试验品”的是校友周桂明，我给理了约两个小时。最后的“杰作”是界线分明、上面成了“盘子”，人见人笑。周老兄回之以笑说“失败是成功之妈”。有理发水平高的“老九”，星期天还主动上路去给山民理发，无偿服务，没有想过要回报。理发次数多了，我的“水平”也提高了，甚至还有了“名气”，几个人凑钱买的推子，我一直保存着。

1969 年 4 月 21 日，二机部文件有个“干打垒”标准：就地取材，每平方米造价 60 ~ 70 元。9 月 19 日，八二一现场领导小组确定：临建工程建筑面积，单身宿舍不大于 4 平方米 / 人，带家住房不大于 3.5 平方米 / 人；正式工程，一室户占 20%，二室户 60%，二室半与三室户 20%。

领着我们上山干活的程宗武班长，江苏人，戴着眼镜，看上去瘦削，可身体结实。抬石头、抬砖头、扛水泥，以身作则带头干，从没见他

“训”过人。当年我们一起推车运水泥过铁索桥、抬砂石爬坡喊号子的情景记忆犹新。期间，有几个活跃分子，周桂明、广东女孩陈葵等，把劳动情景编成诗歌，激情朗诵，或者来段快板，或者背段毛主席语录，宣传鼓动一番，让人喜笑颜开。

1971 年 7 月 1 日，生活区通往厂区的白龙江大桥建成通车。去厂区过江不再靠渡船摆渡，我们开始去厂区做生产准备。

1972 年 9 月，妻子带着 10 个月大的孩子来探亲，住在三堆查姓老乡家，当时没有房租的说法，只是进去后主动与房东打个招呼。妻子是挑着担子来的，一头挑孩子，一头挑行李，坐火车、转汽车，风尘仆仆。后来发现，孩子特别喜欢房东家的酸菜稀饭，或者酸菜玉米糊，吃得津津有味。

齐心协力搞技改

1972 年初，我们进厂区开始生产准备。盖好了席棚子，就开始接水管，拉电线，接焊机，砌火炉，安装砂轮机、台钻，做工具箱、工具，画图纸，去厂房看设备、验收设备等。1973 年住进楼房，4 个人一间，自己钉个小板凳，床当书桌。后来自己又加工了一个简易的桌子，床当凳子用。在这样的条件下，开始“补课”学习，工作中遇到大量技术问题，需要看书、查资料，这样的日子一过就是好几年。

1973 年探亲过成都，去书店买了一本《化工机械制造安装与维修》，成了我的良师益友，解决了许多难题。厂房各种风机轴承箱漏油是“老大难”，我们多次搞试验，改为二硫化钼脂润滑，推广到车间几十台风机，消除了漏油和烧轴承问题。直联风机震动也是“老大难”，有的甚至因为震动不能运行。后来我在叶轮平衡上“做文章”，全部风机的震动降到允许范围内，正常运行。

主循环泵是反应堆工程的心脏。初期，轴承箱两端沿轴颈漏润滑油，影响安全生产，成了管理人员的“心病”。刚开始，我们与二院、生产厂家搞油封技术改造，费了许多劲，作用都不大。有一天，主泵大修拆开了轴承箱，我是检修技术员，一个人在泵房里琢磨，轴承箱内部有个宽约50毫米、长约450毫米的“横隔”引起我的思考，我判断它应当是控制后轴承油位的，估计是它的原设计导致油位过高而漏油。我把想法给领导作了报告并得到了认可，检修方案审批后，工人领来手枪钻和手动砂轮，费老鼻子劲才把横隔削矮、磨平，同时把出油口也修理了。“老大难”迎刃而解，不但油耗大幅下降，而且冷却效果更好了。

反应堆主热交换器由于夏天江水浑浊、杂物多，时间一长，就有杂物卡在主热管道里，不得已就得用天车把主热上方的楼层水泥盖板吊开，把主热法兰的几十个螺栓拆去，再用天车把主热大“帽子”吊开，然后人工“捅管”，非常艰辛。而水清时因为水的硬度大又要结垢，日积月累，坚硬的垢把管道完全堵死，酸洗时酸根本就进不去。

1980年1月，对一台主热交换器进行捅管作业，工人们把2根4米长的碳钢管对焊成1根，下端插进堵管，组织有力气的兄弟们轮番上阵，每次3个人，喊着号子捅。从16日到22日，捅通92根。余几根实在“啃”不下来。怎么办？还要在酸洗上下功夫。我们把主热大“帽子”吊开，插入不锈钢管，通入压力水清除杂物，然后通入压缩空气把堵管里的水吹干再灌入硝酸进行酸洗。有的有效果，但是更多的是不起反应。这期间，我在报纸上看到一则消息，说某化学家做试验，将两种物质混到一起，理论上要起反应却没有，他用玻璃棒搅拌就有反应了，这启发了我的思维。于是我们在不锈钢管端头搞出齿形，插进去，在坚硬的垢上面“捣”，果然剧烈反应一阵子，酸性弱了就吹干再灌酸再捣，用这样的土办法，我们把20台主热交换器所有“顽固不化”的堵管全部搞通，直到反应堆停运，主热交换器没有一根管子报废，躺在厂房外面的主热交换器备品就没有派上用场。经济效益不简单，我给主任说该报科技成果，可主任说这是检修分内的事，还报啥。

36

顾玉明讲白龙江的故事

郑敬东

八二一工程生产厂房主要分布在白龙江西侧十里长的山沟里面，生活区则隔江相望，在白龙江东侧的山峦上。

团结大桥曾影响团结

八二一建设初期，不仅“先生产，后生活”，而且生产设施也是非常不完备。比如，没有检修厂房，缺少仓库等。修建白龙江大桥，限 80 万元人民币，只能建单车道。大桥建成后取名团结大桥，实际上，因为抢道，经常有司机吵架，还告到指挥部，有时半夜三更，领导也得去处理。

后来，顾玉明等领导坚决主张把桥加宽，许多工人和技术人员都支持，但部分搞业务技术的同志反对。经过艰苦地做工作，意见基本统一。但是临到开会筹备开工时，问题又来了。那天，顾玉明有事离开，请副厂长刘一青主持会议。意见又不统一，老刘打电话把顾玉明叫回来主持。1980年6月，终于实现了大桥加宽。

顾玉明

天然气管道过江的创举

生活区烧煤，问题很多，改接天然气阻力很大，部里许多人反对。八二一派人去北京部里做工作，跑了许多次，才同意。管道设计，设计院不愿意干，八二一人自己干。顾玉明就与机电工程师吴明华沿着白龙江徒步实地踏勘。还有个更大的难题，天然气管子施工到了白龙江大桥跟前，按照规范，管道不能从桥上过，怎么办？经广泛征求意见，去请教24公司老工人的意见。工人说，从江底过。八二一领导班子集体讨论，按照工人意见，从江底过天然气管道。24公司采取卷扬机拉爬犁、爬犁上挖掘机挖沟埋管的方法，解决了管道过江的大难题，节省了大量资金。1978年7月25日，32公里长天然气主管线工程竣工，总算彻底解决了生活用气的问题。

37

一线骨干曲范山

王建军

在八二一建厂五十周年之际，让我不禁想起为八二一核事业做出贡献的一位老前辈——曲范山，他是我领路人。

记得那是1991年11月，我被分配到二分厂十车间从事设备管理工作，迎接我的就是这位个子不高、黑瘦黑瘦、外表朴实的车间主任。刚刚走上工作岗位的我，对所从事的工作完全不知从何入手，曲主任在车间工作极其繁重的情况下，手把手地教我，帮助我掌握设备分类管理、工艺流程图、工艺说明书等基本知识。为让我及时掌握所学知识，他对工艺系统进行分解，逐一按照分解内容所针对的设备、管线的作用详细讲解，并时常鼓励我多学多看，勇于尝试。他对车间工艺每个流程和细节的熟知程度，让我十分敬佩。

印象中，他每天上班第一件事就是到各岗位巡查，当时我有些不解，私下里问他："岗位上随时都有人，需要你亲力亲为去那么勤吗？"曲主任严肃地说："岗位上每天都会出现不同的情况，要及时掌握并进行处理，不深入现场行吗？”05# 岗位进行罐间互倒，他在现场；06/1# 贮槽负压不稳定，他在现场；凡是岗位进行的所有重大操作，他都在现场指挥甚至亲自操作。他耐心细致，兢兢业业的工作态度深深地感染了我，让我明白了工作中对待任何事情都不得有丝毫懈怠和马虎，必须严谨认真。

二十世纪九十年代，上级要求 05/2# 厂房贮槽作为 05 厂房的应急备用罐，车间的任务是对 05/2# 厂房贮槽系统全面普查。但是，05/2# 厂房贮槽底部距离地面十几米，罐顶只有一个一米见方的人孔，且没有爬梯，人员如何安全进入贮槽的问题亟待解决。那段时间，曲主任每天眉头紧锁，扎在厂房反复查看推敲，最终提出利用吊车将载人吊笼送入贮槽的方案。他亲自设计图纸，安排检修车间加工吊笼。当加工好的吊笼放置在现场时，大家做好准备等待他发布工作命令，没想到他自己首先进入吊笼，同志们担心他的身体劝他不要去，可是他却说："我必须先去了解情况，确保安全"。贮槽内空气混浊，在里面工作时间过长就会出现眩晕，但是他仿佛什么都忘记了，很久才出来。在他身上我看到了基层干部的"担当"。

1993 年，06/2# 厂房建成交付进入冷调试阶段。由于调试工作量大、时间紧，为此车间专门成立调试队，曲范山一再要求大家务必仔细，不能出一点纰漏，他自己从阀门开启、贮槽试漏、扬液器液位标定到排风、尾气系统测试都全程跟踪，亲自在现场监督指导，力求每个环节做到精益求精、万无一失。在对废液贮槽进行体积标定时，按照平常人的想法，利用体积计算公式就可以求得贮槽容积，这样既简便又快速。但为取得更详细真实的数据，确保工作的严谨性，他经过现场管线摸排，采取在生产水干管加装流量计的办法对贮槽进行精确标定。在对设备室进行清理清扫时，设备室内管线密集，随处可见废弃的焊条、钢锯条等杂物，他要求我们对每一条管线、每一处罐体仔细擦拭了一遍又一遍，直到罐体、管道没有一丝灰尘。如此大负荷的连续工作让我们年轻人都感觉很疲惫，但他依然精神状态饱满，工作激情不减，在他的带动和影响下，大家全力以赴，克服困难，勇挑重担，圆满完成调试工作，安全完成06/2#倒料工作。这件事情让我深刻理解了“责任”的深刻内涵。

曲主任作为我厂从事核事业的基层骨干，作为老一辈的先进代表，为八二一厂的核事业奋斗到生命的最后一刻，最后累倒在岗位上，去世后和英年早逝的总工程师李志新一起埋在了三废罐区后的山包上，守护着他魂牵梦萦的核安全……他严谨的工作作风、一丝不苟的工作态度时刻影响着身边的人，他坚于执守、甘于奉献的精神时刻鞭策着我前行。

38

我的成长路

程宗武

我 1968 年西安交通大学毕业，1970 年 3 月从部队农场分配来到八二一厂。

来厂时正值建厂初期，进三堆头几天住李家梁山上一大席棚，夜里被一场大风掀了顶。之后移居山下王家祠堂，吃饭要走到一个设在老乡场院中的“食堂”内，喝水自己挑，夏天白龙江水混浊，跟老职工学习在江边靠近水边的沙滩上淘井，把清水舀进桶。

当时“先生产后生活”，施工单位忙于厂区建设，生活区要由职工自力更生。我所在的一大队一连，除少量进现场质检和担任驻厂代表出差外，百十号人参加盖房子。当时的房子叫“干打垒”，用烧制砖砌柱子，窗户周围用土坯。

顺生活区大沟上来的环形路是用推土机推出来的，往上的其他路是我们修出来的。刚进厂的大学生有 300 多名，从 66 届到 70 届，哈军工人数最多，清华、西安交大、北工、大连工学院其次，文科的北大、复旦、川大均有，都是国家重点院校的。分到一大队一连的20多名盖房子的大学生组成学生班，干砖瓦沙石运输的重体力劳动。为运输方便，我们修通了往李家梁山顶的一段路，翻斗车可以开到房基边上。干活中力气较大的郭嘉平、罗补忠等4人被称为“4条汉子”；工间休息时，有周桂明、陈葵拿着铁皮话筒给大家鼓劲，好人好事都是他们自己采写的。

那个时期，各级干部都是带头劳动，真是“群众身上有多少泥，干部身上有多少泥；群众身上流多少汗，干部身上流多少汗”。一连副指导员刘志敏患风湿性关节炎，天天拄着木棍上山，被群众誉为“小车不倒只管推”的好干部。有天晚上我们几个学生到江边散步，看到杨唯青书记挽起裤腿，正在指挥修建轮渡船码头。

我从四〇四厂实习回来，分配在一分厂一车间产品管理岗位，但我想到最基层去做具体的工作，不愿当“三门”干部（家门、学校门、机关门）。车间领导说：“下去可以，必须当班长。”我到了大厅2班，期间经历物理启动、运行功率达标、超标运行几个关键阶段，劳动竞赛气氛浓厚，生产工作上你追我赶，我所在的班组创造了不少生产历史记录，被多次评为分厂、总厂先进班组。在班组倒班近3年，还有一个很大的收获，那就是我的腿部关节炎彻底“治”好了，办法就一个，每班巡回检查两次，从底部一楼一直跑到8楼以上的31米平台，从不间断。

程宗武作会议报告

1976年3月到车间工作。逢周总理、朱德委员长、毛主席去世以及松潘、平武地震波及，工作难度大，有的班长撂挑子。我尝试做思想工作，使他们树立信心，勇挑重担，共渡时艰。为推进车间全面工作，与班子其他成员一道，将班组的各项主要工作，如生产任务、安全、卫生、政治学习、化解矛盾等六七个方面设立“权数”，以百分制打分评比，每月公布总结。竞赛果然使车间工作初见成效。

1978 年第一次调升职工工资，升级面 40%，有一级半级之分，各个级别都有比例，还有缺勤、违纪等几不调的规定，矛盾十分突出。总厂要求思想动员、摸底排队、群众评议、三榜定案。孙华主任强调，要按照比例，执行政策，遵守纪律，工作做在基层，不准上交矛盾，否则谁捅的漏子谁补。我到车间工作时间不长，吕春茂主任对我们车间人员的技术水平、劳动态度、贡献大小说得一清二楚。由于我们车间班子不折不扣贯彻执行了厂部决定和要求，群众发动充分，摸底准确，群众评议充分，顺利完成调资，把实事办好。

39

记忆深处是“初心”

杨洪渊

初来乍到

我和杨前双同学1968年5月分配到八二一厂，几个月后，毛主席号召接受工农兵再教育，二机部新分配来大学生被集中在解放军农场，编入军队建制。1969年底结束“当兵”，重新分配，1970年2月到八二一厂。

工作中的杨洪渊

到目的地时看见火车站

正在扩建并且新建一条专用支线，约 700 米长。王占元同志亲自到车站接人。

我们住进目的地供销社的楼上，通铺，谷草为垫，交流起来倒是特别方便，来自五湖四海的人很快就熟悉了。这个地方还不一般，算得上是个古镇，还出过武将军，而今魁星楼犹存。新中国成立前这里有 4 家外国商铺，外国人常驻这里搜集特产：竹荪、天麻、木耳、核桃、柿饼。但这地方仍然属于穷乡僻壤，流行麻风病，新中国成立前没法治疗，让麻风病人吃饱喝足，装入竹笼丢入白龙江中。新中国成立后在对面山上建过一个“麻风病院”，医生是带枪的。我们到江边挑水，澄清使用。

大家有两项任务，一是寻找各种可以利用的场地，建设木板房、干打垒；二是搬家。所有的物资与“家当”都要通过铁索桥。

“初心”沉重

20 世纪 70 年代初期，分厂党委书记朱磊到倒班食堂巡视，发现一张桌子上有丢弃的一块肉。他大声说，这么大一块肉，就上面有根小猪毛就不能吃了？气得他无法继续说下去，于是，抓起那块肉，直接放进嘴里吃了，周围的人看得目瞪口呆。这个场景我一辈子记得。

朱书记还在党课上给大家讲，红军在长征过草地时，缺衣少粮，又冷又饿，晚上露宿时，掉队的同志三五人一伙背靠着背休息。第二天，收容队同志去找到他们时，一推一摸，他们的身体完全冰冷僵硬，就以这样的“睡姿”离开了这个世界。他所在部队被敌人包围，双方厮杀得天昏地暗，最后部队突围成功，1 000 人只剩下 500 人，血流成河。我们今天的生活来之不易，生活好了也不能忘掉艰苦奋斗。

怀念李志新

接受了某项科研任务，1990年10月完成试验并编写出报告。1991年春节前，厂总工程师李志新带领我们到四〇四厂汇报。回来时无法买到火车票，四〇四厂派出专车送我们到兰州，天气大寒，当时的小车没有保暖装置，翻过甘肃乌鞘岭时，用军大衣裹在身上仍然冻麻木了。真的就想起了革命年代冻死的英雄们！

李志新在汇报时，我们就感觉他的精神状态不太好，回厂后他继续一心扑在工作上，到1994年，54岁就英年早逝，据说，他的染色体已部分被破坏了。

心血来潮，我曾经对抢建八二一牺牲的人数进行统计，那时候已经达到108人。为抢建而献出生命的先烈，得到的抚恤金很低。比如，车祸死亡抚恤金只有800元。

40

“傻”老爸

乔　萍

提起父亲乔向东，人们都爱用高尚、勤劳来赞美。我对老爸的评价是：平凡，还带些“傻”气。

20世纪30年代末，困为家里穷，老爸和同村的几个年轻人瞒着家人，偷偷跑出去参加革命。那年月，部队的战斗生活异常艰苦。几个年轻人忍受不了，不久就开了小差，只有老爸一个人留了下来，十几年的侦察兵生涯，出生入死。

新中国成立后，老爸干了件“傻”事——放弃了进大城市的优越生活，自愿转业到了戈壁滩。几年后，由于老爸的根正苗红，被调来蜀北山区参加三线建设。

建厂初期，各方面条件都很差。老爸是搞后勤工作的，正所谓“兵马未到，粮草先行”，为改善全厂职工的生活，老爸每天在厂区、宝轮、广元，三点一线的连轴转，这其中的艰辛只有老爸自己才知道。为确保职工的物质生活得到保障，在与地方官员打交道中，“傻”老爸自己不知掏了多少次腰包，却从未想过什么回报、什么“回扣”。“两袖清风”这四个字，安在老爸身上是再恰当不过了。

前排右一为乔向东

夏天，家家户户床下塞满了西瓜。冬天，一筐筐香蕉、苹果抬回了家。逢年过节，餐桌不再单调，海产品成了人们不可缺少的食品，虽然要凭副食本排长队才能买到，但人们满足了，老爸也满足了。

众口难调，后勤工作是个得罪人的工作，特别是在凭本、凭票供应的年代，有些熟人、老乡既想解馋，又不想排队，就找老爸批条子、走后门，老爸都婉言拒绝，因此得罪了不少人。家人说他“傻”，他总是一笑了之，没有一句豪言壮语，这也许就是山东大汉的本性吧。

岁月流逝，老爸又迎来第二次挑战，离休后的他不甘寂寞，带领离退休老同志办起了老年协会，丰富老人们的晚年生活，解决老年人的实际困难，忙碌的身影又重现了当年。我说：“老爸您也太‘傻’了，风风雨雨一辈子，应该在家享受天伦之乐，瞎忙啥呀。”老爸听了又是一笑了之。

老爸的一生是平凡的，既没有惊天动地的壮举，更没有豪言壮语。然而，平凡的人生却为企业奉献出了不平凡的一生。

（写于2004年）

41

单职工的故事

罗补忠

每当我在八二一生活区漫步，看到高大的单身楼，看到同居一楼的单职工，看到在家属搀扶下艰难行走的老人时，单职工们很多催人泪下的故事便在脑中浮现。

八二一是抢建的重点国防工程。当时美、苏与我为敌，国内经济濒临崩溃，农村物资极度贫乏，人民生活困难。为壮国威军威，3 000 多名经过严格政审的工人、大学生、复转军人陆续集结在八二一厂的大旗之下。由于主工艺厂房的特殊性，用工绝大多数为青年男性，他们一个个都根正苗红，出身工人、贫下中农家庭，家境贫穷，爱国爱党，把为国防献身当做无上光荣的事业。他们一个个年富力强，朝气蓬勃，激情燃烧，把被八二一选中，从事无比神圣的事业，当作报效祖国的好机会。他们放下简单的行装，住进简陋的农舍、席棚、临建房，忍受着农家粪坑逸出的异味、蚊虫叮咬，吃着粗茶淡饭，踩着泥泞的山路，义无反顾地投身到抢建工作中去。有的参与“三结合”设计，有的搞施工安装质量监督检查，有的外出采购设备，有的做生产准备、内外培训，大部分在生活区劈山开路、修建住房，仅1970年至1972年就自己动手盖起了一万多平方米的住房。

随着工厂陆续投产，他们又出现在生产一线在主工艺厂房，在轰鸣的风机、水泵、球磨机旁，在烈火熊熊的锅炉旁，在奔驰的汽车上，在主控室，在车钳铆焊电仪管工的维修间，都留下了他们辛勤劳动的汗水和创造价值的记录，上亿元利税中有他们的一份功劳。

与此同时，他们被个人问题困扰着、煎熬着。偏僻的环境，同龄人中男性远多于女性的结构，迫使他们只能在百里、千里之外找对象。找到后，经过组织审查，拿着证明回家结婚。被子还未睡热，又要洒泪离别。从此，双方只能常年忍受着刻骨铭心的寂寞和孤独。在父母和妻子看来，他们献身国防，忠心报国是大事，自古忠孝难两全嘛，再大的苦也得忍着。

年方20多岁的另一半，在家代夫行孝，伺奉老人；养儿育女，操持家务；田间耕作，养家糊口。在农业学大寨的年代，没有农机，她们无休止地参加集体劳动，下地干活时，把小孩放在家里，或放在田间地头，或背在身上。农忙时，她们要将上百斤的肥料一担担挑进地里，再把上百斤重的粮食一担担挑回家里。炎热的夏季，每天要在地里忙碌十几个小时，豆大的汗珠湿透了衣服，被体温烤干，又被汗水打湿，收工时腰都直不起来。回到家里，又要在烟熏火燎的厨房做饭，给孩子喂奶，

现场讨论

喂猪喂牛喂鸡鸭、洗衣服。怀孕时，挺着个大肚子也要下地干活。忙碌一年，分到的粮食还不够吃，创造的价值不过百把元，许多家庭还要给生产队倒补超分款。她们中有很多人积劳成疾。所有这些她们还可忍受，独守空房、思念丈夫的滋味，常常使她们夜不能寐。当听到工厂什么人工伤，四川发洪水、地震之类的消息时，她们时刻牵挂着丈夫的安危；当过年过节看到人家成双成对走亲戚时，当生孩子丈夫不在家时，她们的眼泪只能往肚子里流。她们唯一的希望是早日农转非，结束两地分居的生活。她们唯一能做的是搞好家务，拼命干活，让丈夫在厂里安心好好工作。如果说丈夫有什么贡献，那其中也有妻子的一半功劳。

其实，单职工们在厂里也不容易，他们孑然一身，也常常思念父母、妻儿。看看全家照片，读读家人来信，想想那些趣事，借以自慰。当1975年河南发洪水时，驻马店地区的军工们精神几乎崩溃了，担心家人生命安全，吃不下饭，睡不着觉，当家人最需要他们的时候，自己却在千里之外，爱莫能助。当得知在政府帮助下家人平安时，一颗颗悬着的心才落到肚里。他们多年积累的家业——房子、东西没有了，心痛、不安，每月37.8元的收入，怎么重建家园呢。1976年南充大旱时，四川军工中有很多人不吃早饭，把粮票节省下来，把保健奶粉、罐头带回家，哺育襁褓中的婴儿。单职工们在各单位努力工作，苦活、脏活、累活，加班加点抢着干，尽量表现自己的价值，引起别人注意，以求早日农转非。当妻子探亲时，工友们、老乡们可高兴了，帮助找房子、送东西，经常欢聚。但当看到妻子清瘦憔悴的面容、营养不良的孩子时，他们心情十分复杂，妻子们太辛苦了，孩子们太可怜了，深感内疚。记得一分厂五车间某军工的妻子来厂时，住进席棚子，做好了饭菜等丈夫下班，一直等到夜里十点多，他才拖着疲惫的身子回来。原来丈夫加班清理主热交换器，主热交换器被江水中的漂浮物堵得一塌糊涂，工厂领导非常着急。他们打开入孔，钻进闷热的主热交换器空间，在仅一平方多米的空间用手清理，这一天就干了20组，衣服全被汗水湿透，怎么能不累啊。如遇到主热交换器酸洗，他们要将上千根管子用杆子、用高压水捅开，冒着刺鼻的酸味，抬着上百斤重的盲板上下止水，每干完一台，一个个累得直不起腰来。妻子看到丈夫在工厂也不容易，怜爱之心油然而生。

在艰苦奋斗中，单职工们学会了压抑、控制自己的感情。工作和家庭的重担使他们更加坚强，更加有责任心，更加忠诚于祖国，忠诚于家庭。干革命、搞建设嘛，总得有人付出、有人牺牲，无数先烈为祖国牺牲了生命，我们牺牲青春又算得了什么。经过八年甚至十多年后，一部分人农转非，妻子儿女们团聚，可以过正常人的生活了，他们十分感谢组织关心。更多的人只能望而生叹，在1988年、1992年以小孩接班自己回家的方式，结束了单职工的生活。工厂非常关心他们，安排农转非的家属到水泥厂、食堂、市政做工。尽管经济上十分清贫，但他们感到充实幸福。

如今，有许多当年的单职工非常疼爱在老家吃过苦的妻子们，尽量多干些家务来补偿她们，妻子们也非常关心丈夫，珍惜家庭，她们深知，丈夫是家庭经济上的顶梁柱，有每月几百元、上千元的工资，一家人生活就有着落，一旦老头走了，天就塌了，不仅精神上受到沉重打击，经济上也会一落千丈。尽管有社会保障，但毕竟太少。但我们深信：党和国家以后会更加关心他们。

（写于2004年）

42

创业礼赞

刘繁红

时值厂庆之际，回顾辉煌的过去，追忆特殊的贡献，最使人难忘的是八二一人无私奉献的创业精神。回首岁月，在一分厂的创业历程记忆犹新。

响应召唤 艰苦创业

1969 年 11 月，来自全国各地七百多名大学生、军工组成了厂骨干。当时，职工们住的是民房，点的是煤油灯，喝的是泥浆水，吃的是窝窝头，走的是羊肠小道……

大家兵分三路，一部分参加三结合设计，配合施工，检查工作；一部分参加外培工作；一部分从事生活区建设，修码头、修公路、盖“干打垒”。职工们头顶烈日，赤脚踩泥，肩膀肿了，手磨起了血泡，晚上照样挑灯夜战。生活区设施也本着因地制宜、因陋就简的指导思想，加快了设计速度。

一丝不苟　高质高速

按照抢建决定，施工队伍迅速从四面八方云集到工程现场。到 1969 年底，现场施工队伍达一万五千二百人，各种材料源源不断运进现场。1969 年 10 月，昭化站当月便运进物资 120 车皮。施工现场，车来车往，机器轰鸣，一片繁忙。在施工中，坚持质量第一，严把质量关，成立了八个专业质量检查组，建立健全了必要的规章制度，制定了土建、安装、设计生产会签制度，认真执行土建、安装隐蔽工程验收制度，保证了八二一工程高质高速完成。

护坡修整

严细认真　科学试验

综合试车是保证投产成功的关键，分厂以严细认真的态度，采取了各种措施，解决了试车中暴露的一些问题，圆满完成了试车，开始正式投产并达到设计额定功率。在运行过程中，又结合八二一堆的特点，开展了大量的科学试验研究及革新活动。主泵是反应堆一回路的重要设备，耗电量大，经过认真分析、试验，技术人员车小主泵叶轮直径，使其既能满足工艺要求，又降低了电耗。分厂还在反应堆上应用了计算机，这项改革荣获全国科技成果奖。为了解决废水处理能力不足问题，增设了新流程，实现了废水闭路循环。同时进行了箱热、调热热交换器的改造，为连续稳定生产打下了基础，顺利完成了国家下达的生产任务。

奋力会战 多作贡献

为了实现二机部下达的生产能力提高的目标，1977 年，通过一系列的技术改造，使运行功率超过了额定功率。同时，延长了年运行时间，改变了运行方式，实现了不停堆换料，并调整卸料方案，减少换料次数。此外，还开展了分厂大会战，抽调机关精干力量打歼灭战，使平均换料间隔大幅度减少。为缩短检修时间，分厂采取了各种有力措施提高了检修效率，连续四年实现高效率运行，胜利地完成了上级下达的任务。

军品限产 保军转民

二十世纪八十年代以后，工作重点转移到了以安全、低耗、延长堆寿命、探索堆的综合利用上，安全、经济、稳定成为运行中心。分厂全面开展了节能降耗活动，将主泵叶轮再次车小，工艺管、石墨套管延长使用周期，前后共节约工艺管三千多根，节约石墨套管数十吨，提高了非工作块的复用率及工艺管头回收率。同时还充分利用反应堆生产民用同位素产品，为造福人民作出了贡献。

废物清理 再谱新篇

中央北戴河会议后，大量废物留存现场，如不及时处置，将会造成危害。全厂职工按照中核总要求，分两步开始了废物处理。第一步，克服困难，实现了废液不再增加且易处理的目的。第二步，开展堆退役的大量前期准备工作。分厂召开各种论证会、研讨会、专家咨询会、评审会等，于1997年7月实现反应堆退役立项。尽管停产了，但现场的放射性仍然很强，核安全及保护环境的任务仍十分艰巨。随着转民工作的铺开，核电的发展，大量技术人员、生产骨干相继分流，给堆退役带来很大难度。就是在这样的情况下，全厂职工始终顾全大局，不计个人得失，以确保核安全为己任，在各自的岗位上兢兢业业、甘于奉献，为搞好堆退役不遗余力。

光阴荏苒，我们不能忘记那些为核事业献了青春献终生、献了终生献子孙的人们，他们是八二一的脊梁，他们是真正的无名英雄。

（写于1999年）

43

八年磨一剑

宋跟东

八年磨一剑，攻坚不畏难；

为了千秋业，甘把终身献。

军品生产时期产生的大量废液必须妥善处置，这是一项造福子孙后代的千秋伟业。1984 年 5 月，废液治理厂房正式建成，10 月份开始模拟试验。经过“八年磨剑”，大小试验几十次，面对挫折和失败，有的工程技术人员信心不足，有的工人厌倦了，先后有 50 多人调走。也有不服输的，清华学子郭肖考，哈军工高材生许伯和，他们不顾大城市的诱惑，留下来继续攻关。清华学子张定富，也谢绝高薪聘用回城的机会，

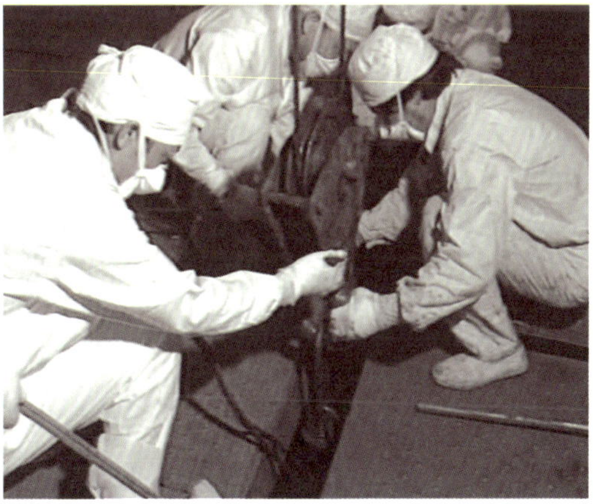

检修工作现场

从二车间调过来参加攻关。1986年，我也被调来担任党支部书记。当时，还有工程技术干部和班组骨干想走，新分来的大学生感到“上当受骗”，我们就逐一做耐心细致的思想工作，积极开展文体活动，活跃职工生活，积极培养入党积极分子，八年间发展了十名党员，都陆续走上了领导岗位。

前四年，经过大小几十次的摸索试验，始终未能解决关键部位的技术难题。车间主任郭肖考吃不好、睡不香，身体消瘦了许多。他曾收到清华大学老师的来信，邀请他去当放射化工专业的导师，他婉言谢绝了。在试车最困难的时候，郭肖考去北京找有关科研单位请教，路经郑州，下车去拜访原车间主任刘明珠，当时已是郑州自来水厂的总经理。门卫严格盘查，才知是老朋友来看望他们老总，开玩笑地说：“我还从来没听到有人直呼我们总经理的大名呢。”于是打电话让老总下来接人。久别重逢，喜出望外，说明来意，刘明珠真心实意劝他：“肖考呀，别浪费你的才华和青春了，干脆到我这来吧，我还缺个副总呢。”郭肖考不容置疑地说：“谢谢你的美意，我还背着使命呢。”他再一次婉言谢绝了。那几年，他放弃了许多节假日，翻遍了科技图书馆的有关资料，有一天，一篇文章给了他灵感：加一种添加剂，也许能解决问题。他和大家商量，都认为有希望，关键是加什么添加剂，经过请示，他再次赴北京请教。他和北京石油化工研究院的专家共同探讨，确定了配方，先后进行了两次实验都突破了100小时，积累了丰富的实践经验。在此基础上，我厂和二院、石化院三方共同商定了新的试车方案。八车间全体总动员，车间干部和管理组成员都充实到一线倒班，大家以高度的主人翁责任感精心操作，终于按计划停车，沥青固化模拟工程试验终于获得成功。

最令我难以忘怀的是车间副主任许伯和同志，他的绰号叫“老骨头”，他的口头禅就是“豁上这把老骨头，也要把废液治理搞上去。”几年来，他绞尽脑汁，总结了一整套经验教训，面对多次失败他从不灰心，而是更加信心百倍，他经常对大家讲："废液治理项目是技术难关，属国家空白，不搞上去，我们可无法交代"。他最大的特点就是实干，经常是白天晚上连轴转，有时靠方便面充饥。一天晚上，暴风骤雨突然袭来，雷声把我惊醒，我立刻从被窝里爬起来，穿上雨衣冒着倾盆大雨就往沟里跑，跑进车间，许伯和早已赶到开始指挥抢险了。大水哗哗往车间里灌，我们堵的堵，掏的掏，积水越来越多，许伯和立即跑到七车间借来抽水泵，大家在水里泡了十几个小时，终于保住了所有电气设备。第二天，他就得了重感冒，一检查，本来就有毛病的肝脏又出了大问题……

1989 年 3 月 18 日，我与黄大贵合写的《沥青固化模拟料液工程试验获得成功》一文在《中国环境报》发表；1995 年 2 月 13 日，《中国核工业报》又以《核工业三废治理科研攻关传捷报弱　放废液固化处理工程投产》为题，在头版头条刊登这一新闻；1995 年 2 月 24 日，《四川日报》也以《我国核工业废液治理科研传捷报弱　放废液沥青固化处理工程投产》为题在一版刊登，五天之后被《人民日报》海外版转载。

这些媒体正式向全国乃至全世界宣告：我们中国工人阶级有志气，有能力，不仅可以生产原子弹和氢弹，同时也具备了独立自主处理核废液的能力。

（写于 2004 年）

44

艰难岁月

尚　复

细细一算，到川北已三十多年。三十五年扎根深山，蹉跎岁月，我同时代的人大都已进入老年。

当年我们浩浩荡荡来到这里，公社杜书记在春节工农联欢会上致辞说："工人同志们，你们是毛主席派来参加三线建设的生力军。没有毛主席他老人家的命令，你们是请都请不来的。"我们的心潮像白龙江水一样起伏，神圣的使命感，使我们意识到自己不仅仅是个普通工人，天将降大任于斯人也，必将苦其心志，劳其筋骨……艰苦条件有利于培养吃苦耐劳的精神。于是，我们集体

修建干打垒住房

二三十人居住在生产队存放过粮食的仓库里，白天参加生产队的劳动，晚上在煤油灯下开会读书写信娱乐，入睡后饱受老鼠的侵扰和蚊虫的叮咬。每日三餐淡饭，连锅巴也要吃干净。至于副食，只有限量的毫无油水的萝卜白菜。带家属的职工扶老携幼踩着雨后的泥泞，顺着崎岖的山道，来到农民兄弟准备好的干打垒房子，里面也许停放着给老人预备的寿木，这样的房子你住不住？你没有权力选择，也不能辜负农民兄弟的一片热情。我们经受住了生活的考验，积蓄精神，等待着进厂贡献自己的力量。

我们终于进厂了。那年月，先生产后生活，先厂房再住房。从江边到山顶，从生活区到厂区，满山遍野看不见一间砖木结构的住房，却布满了建设公司职工居住的席棚子和少量的刨花板房。我们一个连队，单身职工的席棚子就搭在区革命委员会附近的魁星楼下。那时候还没有电扇。夏天的日头从棚顶一晒到底，棚内气温高达39℃，热的浑身掬得出水来。晚上，在梦中听到就像是轰炸机的声音，猛然惊醒，原来是蚊子结成团正嗡嗡进攻，于是重新掖好蚊帐，安然倒头入睡。一日三餐，头顶草帽在雨中排队到食堂打饭，依然是萝卜白菜，喝着泥浆沉淀的水，值得庆幸的是每月有一斤肉的供应。

厂房建好，但还未开始生产。于是不分男女，不分职务，不分工种，全部投入到抢建生活区中。人们顶烈日、冒风雨，不分昼夜地进行着背砖块、挖地基、抱石头、抬大梁、搬水泥、绑钢筋等建筑作业，那种忘我的劳动热情使人感动。没有谁认为环境不适应，没有谁抱怨生活如何不好，所有人只为了一个目标：尽快建成投产，早日拿出合格产品，让毛主席放心，让党中央放心！

在那些艰苦的日子里，一些事情使我们难以忘怀。

抢建时期生活区用水一直是困扰职工生活的难题。我们用“沉井法”日夜作业，建成了江边泵房，解决了用水问题。现在眼望江边已经废弃的像炮楼一样的泵房，我们还能记起二十多年前在这里发生的一起惊心动魄的抢险故事。那个夏天，白龙江上游连降暴雨，江水猛涨，百年不遇的洪水几乎淹没了整个桥孔。泵房危在旦夕，领导指示停止运行，值班人员马上撤离。班长带领值班人员转移了部分能移动的物品，催促人员离开泵房。当班的赵明诚师傅还在底层关闭阀门，当他回到二楼泵房出口时汹涌的洪水已经涌上了楼梯，淹没了撤退的出路。泵房外一片汪洋，江水一浪高过一浪冲进泵房，年已五十的赵师傅随时都有被洪水卷走的危险。接到险情的领导组织大批人员前来抢救，一时江边挤满了参加抢救的人，大桥上站满了观看的人，农民的菜地里停着救护车和运送抢险物资的车辆。人们设法从岸上甩一绳索到泵房，赵师傅接住拴在泵房顶的柱子上，试图滑过绳索回到岸上，滑到中间没有成功，吊在绳索上的赵师傅已经被洪水冲泡得奄奄一息，人们在岸上高声呼喊："赵师傅，抓紧绳子，坚持住！千万不要松手！"这时候我们看见，他双手吊在绳索上，双脚艰难地上钩着，瘦弱的身体在洪水的冲击下摇曳。远处看不清楚，想象中他的双眼一定是紧闭的。后来请来了碧口木材转运站的两位水手，水手们驾着橡皮船从上游顺流而下，当经过绳索下的一瞬间时，担当救人使命的一名水手奋力纵身跃出船身，这样可以抓住赵师傅的身体，把他从洪水中拖到岸上。但是，由于配合不到位和距离赵师傅过远，水的流速太快，两次都没有成功。橡皮船随浪头起伏，人们紧张地看着，呼喊着，鼓励赵师傅不要放弃。水手们第三次终于成功了，人们欢呼起来。救上来的赵师傅已经不省人事，救护车拉着他急奔医院。那次江边抢救确实很惊险，某些场面的相似和惊险程度，使我想起二十世纪六十年代甘肃电影制片厂拍摄的《黄河飞渡》。

赵明诚，一个再平常不过的工人，为保护国家财产坚守岗位到最后时刻，几乎丢了性命。档案上不一定记载他的事迹，人们在讲述激动人心的故事时会提起他的名字。

小人物的故事还有很多。一些亲属远道而来，按通信地址到成都却寻找不到八二一厂，只得打道返回，其实要见的人远在三百公里外；过铁索桥不慎踏碎腐朽木板掉入江中，幸好是在浅水边，也没碰到石头，算保住了性命；住在农民家夜里上厕所，不小心失足掉进粪坑一身秽气，那简直是一辈子想起来都觉倒霉透顶的事情。如此之类，你是否感到滑稽好笑。如果你有这样的感觉，那你一定不是我们同一时代的人，你不了解我们当时的生活，也不理解我们当时的心情。因为我们的人生黄金时代在二十世纪，那是一个讲究奉献的时代。

（写于 2004 年）

45

风雨兼程谱新篇

许代贵

几十年弹指一挥间，往事历历在目、记忆犹新。在这世纪之交的最后日子，我们这些献身核事业无怨无悔、参加过两次创业的老同志，不免要回忆建厂初期的峥嵘岁月，畅谈军品生产的丰硕成果，述说调军转民的奋斗业绩，抒发确保核安全的坚强决心，此心此志激励来者。

六十年代初，“老大哥”背信弃义，企图将我国刚刚起步的核工业扼杀在摇篮之中。鉴于美帝四处玩火，“苏修”野心毕露，为了打破两霸的核垄断，党中央、国务院果断决策，用最短的时间在三线地区抢建我国第二套核燃料生产基地，代号为八二一工程。

党中央一声号令，万名建设大军风尘仆仆、昼夜兼程，从全国各地迅速云集川北门户，在飞凤山下、白龙江畔安营扎寨，摆开战场。当时条件艰苦异常，加之林彪、“四人帮”的破坏和“文革”派性的干扰，创业者们多数携家带口，寄居在老乡的茅屋、牛圈中，后来靠自建席棚、干打垒栖身，三块石头支锅灶，深山老林砍柴火，吃的是玉米杂粮，喝的是沟渠原水，点的是蜡烛油灯。没有公路和桥梁，靠木船摆渡，生活物资缺乏，有时连盐巴也供应不上…但是，创业者没有被困难吓倒，他们牢记毛主席、周总理的嘱托，战戈壁壮志凌云，建三线再立新功，以大无畏的英雄气概战天斗地，只争朝夕，逢山开路，遇水架桥，发扬人拉肩扛的拼命精神，确保工程于1969年10月10日破土动工。在现场军管会和工程指挥部的部署和精心安排下，经过“八七战役”的顽强鏖战，辅助生产系统率先相继建成，反应堆、化工线正式投运，八二一厂第一次艰苦创业胜利完成。

年青的朋友们，当你看到十里厂区一座座高大而特别的厂房错落有致、星罗棋布的时候，你可曾知道当年此地是人烟稀少、野兽出没的荒山野岭，是建设者们夜以继日，争分夺秒，移山填沟造平原，削平九座山头，挖填土石300万立方米，浇灌混凝土30多万立方米，铺设管道、电缆2 000公里，消耗木材5.5万立方米，钢材4万多吨，水泥14万吨，投资6亿多元，用汗水和智慧建设起来的；当你漫步生活区，夜幕垂降，万家灯火，宛如一座不夜山城的时候，你可曾想到当年这里是一片乱石山岗和一条深达几十米的大沟，是拓荒者们风餐露宿，大干苦干，建桥梁、修公路、平深沟、推山包，由席棚到土平房到小二楼逐步演变成高楼大厦的。

在那艰苦的岁月里，建设者们顾全大局，听从召唤，意气风发，斗志昂扬，不讲条件，不计报酬，没有星期天和节假日，更没有一分钱的加班费和奖金，是什么力量在激励他们如此顽强拼搏呢？听听他们朴实无华的心声：“革命加拼命，抢建八二一”、“好男儿志在四方，干革命吃苦为荣”；他们唯一的心愿是大干快上，早日建成投产，拿出合格产品，“让毛主席他老人家睡好觉”。正是这种对党对人民的满腔热忱和对国防事业的执着追求产生了巨大的凝聚力，激发着建设者们无私地奉献着自己的毕生精力和聪明才智。他们当中有不少人是献了红心献青春，献了终生献子

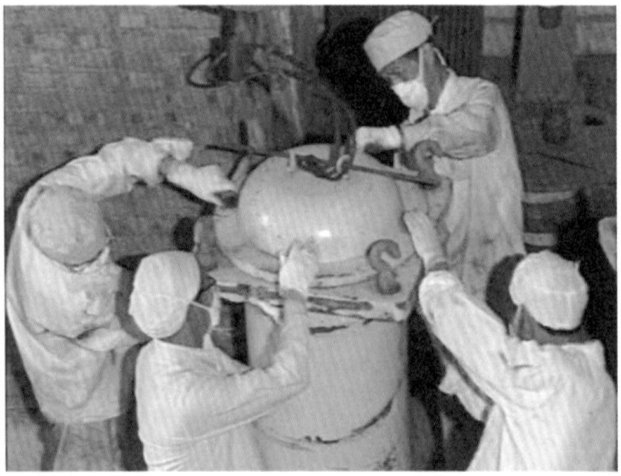

军品生产工作现场

孙，一些同志光荣负伤，因公致残，甚至英年早逝。他们不愧为国防事业的开拓者，堪称八二一工程的奠基人。我们永远怀念他们，共和国也不会忘记他们。

全面建成投产后，八二一厂经历了内部整顿、加强管理，革新挖潜、增产增收，保军转民、限产增收三个阶段。全厂干部职工发扬“三老四严”的优良传统，加强基础管理，全面推进技术进步，努力提高企业素质，逐步形成了“文明、团结、严细、创新”的八字厂风和求真、务实、拼搏、奋进”的企业精神。先后获国家、部、省、市各种荣誉称号40余个；完成科研革新和技术改造近4 000项，其中获部、省级科研进步奖61项，国家级科技进步奖9项。在军品生产期间，年年完成国家指令性计划，产值、利润同步增长，各项经济技术指标不断刷新，累计完成工业总产值17亿多元，实现利润2亿多元，为增强国防实力、提高我国的国际地位作出了重大贡献。

党的十一届三中全会以后，国家对军品生产进行了调整。1987年，时任国务院副总理的李鹏亲自来厂视察，两次主持召开国务院办公会议，专门研究八二一厂军品生产和核安全问题，最后，党中央作出“停军转民”的重大战略决策，企业的工作方向和全厂职工的主要精力，在确保核安全的前提下，迅速转到加快民品开发和放射性废液的安全处置上来，从而使我厂进入了第二次创业的艰难时期。

遵照中央的决策，八二一厂全体干部职工克服阵痛，统一思想，很快形成了两套班子、两批人马、分头出击、全面推进的工作局面。制定了三废治理规划和转民规划，提出了确保核安全、加速军转民的奋斗目标。

转民对八二一厂来说很不容易。长期接受指令性计划，对外处于封闭状态，交通不便，信息不灵，观念陈旧，设施特殊，万人大厂包袱沉重，转民步履艰难……然而，全厂职工协力同心，励精图治，精打细算，勒紧腰带，经过八年艰苦创业，建成了八大支柱民品，形成了以厂本部为依托向中心城市分流和以铝业一条线为龙头、集能源、建材、有色金属、轻纺工业为一体，跨地区、跨行业的转民格局。虽然在激烈的市场竞争中，目前遇到了困难，但毕竟是八二一厂可观的家业，是我厂生存和发展的希望所在，随着企业改革的深化，总有“柳暗花明”的一天。

军品停产以后，军品遗留问题的处理，核设施的维护和退役，放射性废液的安全处置，高放废液的安全贮存等任务十分艰巨，需要几代人的艰苦奋斗。因此，我厂作为军工企业的性质没有改变，“确保核安全”在相当长的时间内始终是我厂压倒一切的首要任务。八二一人依然需要继续发扬艰苦创业的拼搏精神和敢打硬仗的优良作风，确保核安全“万无一失”，加快核设施退役和三废治理步伐，最终还飞凤山下一方休养生息、鸟语花香的净土。

（写于1999年）

46

难忘的岁月

贾振波

岁月沧桑，斗转星移。回忆过去，往事难以忘怀。

毛主席的战士最听党的话

1969年，我奉命从四〇四厂调遣到八二一。告别了曾经十载耕耘的土地，踏上东去的列车，挺进巴山蜀水。这是一次拥有数千名职工和家属的集体大调动。几天几夜的旅途劳顿并没有阻断车厢里的欢声笑语。老人们静坐休息，孩子们玩耍嬉戏，职工们谈笑风生，明知此行征途艰难，可每个人心里都涌动着一种神圣的使命感和责任感。有人情不自禁地哼起了“毛主席的战士最听党的话，哪里需要哪里去，哪里艰苦哪安家……”26日黎明，列车抵达广元，大队人马化整为零，以连队为单位分散安排到附近村镇的老乡家暂住待命。我家六口人被安排到清水乡冯家湾村一户冯姓老乡家的一间厢房居住，总算有了一个栖身之所。进村那天，受到房东一家人的热情接待，当地村干部和老乡也前来看望，我们说："老乡，给你们添麻烦了。""哪里，要不是毛主席、党中央号令，我们请都请不来你们啰。"一腔憨厚纯正的川北口音，说得我们心里热乎乎的。当地风俗，逢年过节要友好往来，端上一大海碗米饭，里面埋着几大片腊肉，给你一个惊喜，既表示礼貌，又大方好客。

广元是个革命老区，流传着许多有关红军的传奇故事，使我们感受到这里蕴藏着浑厚的工农情谊，源远流长。

天上掉下个八二一

刚来时，这里还是群山环抱、人烟稀少的穷乡僻壤，几年间就建起一座大工厂，当地群众惊叹："八二一就像是从天上掉下来的，我们祖祖辈辈做梦也没想到过！"建厂初期，本着"先生产、后生活"的原则，厂区由基建施工队伍集中优势兵力抢建，生活区靠自己动手。上山没有路，就用铁锹、镐头挖出人行道，开山平坡，肩挑人扛将建筑材料和工具运上山去。没有吊车，用人力将水泥楼板抬上去。记得是 1970 年，一个仅百余人的施工连队，要在五郎堡建一幢平房，职工家属齐动员，硬是将几万块红砖和土坯挑上了山。59 岁

抢建工地

的李玉泽挑不动就用背篓背，许多儿童也赶来搬运砖瓦，他们边跑边喊："我们也要抢建八二一！"那一幅幅"向奋战在五郎堡工地的职工家属们致敬"的醒目标语，祝贺他们交了一份满意的答卷。那时候，人们的想法只有一个：只要能让党中央、毛主席放心，就是赴汤蹈火也在所不辞。尽管每天的劳动强度很大，生活条件十分艰苦，物资也缺乏，但大家很少有怨言。当时流行着这样的口头禅："苦不苦想想长征两万五，甜不甜想想新中国成立前。"大家一心一意抢建八二一。

听说有位刚分来的大学生调侃说"进山沟，吃粗粮，找不到老婆，见不到娘"，当即遭到许多人的指责和批评，认为他吃不了苦，思想有问题。其实现在看来他并不是有什么恶意，只是说者无意，听者有心罢了。

克服困难出产品

1976年3月，我调到二分厂，一边学习，一边工作，亲眼目睹了二厂的各级干部和广大职工在投产运行中历经坎坷，克服重重困难，最终拿出合格产品那种苦尽甘来的情景。

作为主工艺厂之一，能够生产出合格产品，是检验我厂生产成果的最终标志。但是事情总不会一帆风顺，从水联动试车到适应性试车投产，出现了许多问题，如设备故障、跑料事故、水电气供应不稳定等，按下葫芦起来瓢，常常使生产无法继续。当时的分厂领导和工程技术管理人员经常下车间调查研究，通宵达旦的开会磋商，然后组织实施。为了早日拿出合格产品，他们殚精竭虑，吃不下、睡不好，有的车间干部带领职工排除故障，几天几夜不下火线，有的身先士卒，把困难和超剂量的危险留给自己，直至提前拿出合格产品，那些疲惫的脸上才见到一丝笑容。

1976 年 8 月，松潘平武地震，这对于在试投产阶段就起步艰难的二分厂，地震的威胁无疑是雪上加霜，面对这一情况干部和工人都表示：“人在厂在，就是天塌地陷，我们也要顶住！”为确保生产指挥系统不受影响，生产科的同志将调度电话总机垫上枕头，上面再架上床板，设想万一房屋震倒塌，只要电话完好，仍可照常指挥生产。食堂科的同志全部都头戴安全帽上灶操作，分厂干部职工都坚持上班并加强戒备，进入临战状态，终于圆满完成了军品生产任务。

（写于 1999 年）

47

一本发黄的日记

李新蓉

这是一本厚重而发黄的日记，里面记录着一段尘封的历史。几十年后的今天，我虔诚地翻开了第一页：

1969年11月，为了落实毛主席“三线建设要抓紧”的战略部署，从四〇四厂来川建设三线，临时居住在广元县新场、卫子、太公、张家、虎跳等山区农村的职工和家属，奉命进入八二一现场，借宿在三堆镇农户家中。

人多房少，不少职工只得在农家的牛棚或猪圈内暂且栖身，单身职工不得不住进临建席棚，寒冬腊月夜，又没有娱乐活动，辛苦一天的人们，便早早躺在简陋的木板床上，听任寒风在山谷中呼啸……

再看第三页：

“一颗红心两只手，自力更生样样有！”三分厂职工凭着这股子豪气，组建了土建队，率先以“干打垒”的方式盖房造屋，没有机械设备，他们便一锄一锄地挖土，一篓一篓地背，一杆杆地筑，为了尽快解决住宿难题，男女老少齐上阵，你追我赶，干得热火朝天……五郎堡上至今仍然保留着第一座“干打垒”。我以为，留着它，是为了给后人留下艰苦创业的见证。

再看第五页：

市场一角

有了盖“干打垒”的经验之后，三厂职工胆更壮了，他们仅用20天就盖成了八二一厂第一幢自建小二楼，那每块重三百多公斤的96块预制板，是血气方刚的一伙年轻人高吼着“吭唷、吭唷”的劳动号子，用铁臂膀硬抬上楼的。许多白天在厂区工作的同志，晚上又自觉参加盖楼的义务劳动。“小雨当冒汗，大雨顶着干，白天加油干，黑夜当白天”是当年建房的真实写照。三分厂干部职工仅用一年多时间，先后盖起两幢单身楼、五幢家属楼，开创了全厂自建住宅楼的先例。

再翻开发黄的第八页：

为了庆祝毛主席《在延安文艺座谈会上的讲话》发表30周年，分厂组织了文艺宣传队，自编文艺节目，去张家、太公为贫下中农进行慰问演出。

干打垒施工

汽车沿着蜿蜒曲折的山路，一路颠簸到了张家，演员们个个胸前佩戴着大红花，精神抖擞，喜气洋洋。贫下中农从几十里外赶来，不大的晒坝挤得人山人海。没有舞台，打开车厢，两辆汽车尾对着尾，便构成了简易舞台。音乐声响起，该演员上场了。然而领舞的白光莉被汽车篷布绊了一下，摔倒在汽车下边，排在后面的演员们也顾不得那么多了，继续将节目演下去。一个个鲜活的人物，一幕幕精彩的表演，一段段感人肺腑的故事，看得百姓们心花怒放。

这本发黄的日记里，还有许多许多这样的故事……

（写于2004年）

48

自豪的记忆

罗补忠

1970 年 7 月，我放弃了去北京燕化的机会，告别了美丽如画的大连，来到这川北山沟。三十年弹指一挥间，建厂初期，亲身经历过的一幅幅画面，总是在脑海中浮现。

快活的“川搬九处”

20 世纪 60 年代末，随着中央一声令下，数以万计的施工人员从祖国各地汇集三堆。当时，首要的问题就是住处。我就曾多次搬家，广元站前旅馆、宝轮交通旅馆、三堆 4 个地方、厂区小二楼。印象最深是三堆安家那面积不过几平方米的二层阁楼，塞了 6 个人，一直腰就要碰到瓦片，夏季屋内像蒸笼一样，加上老乡炊烟的“熏陶”，让人汗流浃背、眼泪直流。随后住的是屠宰场二楼，宰猪杀羊时烫猪翻肠的气味颇为严重。为了适应频繁的搬家，厂里组织了很多搬家队，我们这个队主要给大学生搬家。几把抬杠、几根绳子，沿着崎岖的小路，抬着行李搬上搬下，忙个不停。虽然很累，但大家都很快活。当时我们这支队伍是由厂政工组王占元指挥，知识分子被称为“老九”，所以我们戏称自己为“川搬九处”，尊王为“处座”。

四条汉子

1970年，现场指挥部决定，八二一人参与抢修福利区。那时福利区是一片荒山野岭，没有大路，汽车进不来，每天我们手拿铁锹镐头，沿着羊肠小道进出，抢修公路，建“干打垒”。在毛主席“没有路，骑毛驴去；没有钱，把我的稿费拿去”的指示感召下，我们开始了打眼放炮、搬运土石方。冒着烈日，推小车、装土石、抬箩筐、热火朝天。像我们这些大力士们，总是光着膀子，汗水打湿了短裤，手上打出了血泡，却从不停工。渴了喝口水，饿了忍着。在这批人中，有程宗武、郭嘉平、付光华和我，被戏称为“四条汉子”。重活累活我们抢着干，推车上下坡我们来掌把。盖房时二百斤重的砖瓦我们抬。吃饭时，一顿能吃六七个馒头，一大碗米饭还填不饱肚皮，南瓜青菜中，虫和苍蝇经常见到，夹出来扔掉继续吃。现在回想起来，倒觉得高强度的劳动对身体的强壮还有相当的好处哩。

抢建工地

苦涩的婚姻

几百名大学生，绝大多数是男性青年。各地来的军工，更是清一色的“光头”。我们只能利用一年二十来天的探亲假在家乡找对象。好在大学生在父老乡亲眼里是骄子，好在一些有远见的女孩还喜欢我们。虽然没有品尝过多少花前月下的甜蜜，有的连回乡结婚都未能如愿，安防处郑敬东副处长新婚时便是由妹妹扮新郎拜了天地，但总算都成了家。但接着便是长期的两地分居，牛郎织女，天各一方。探亲时孩子们喊爸爸为叔叔的心酸事更是常事。刚亲热了，又要挥泪相别。为了祖国的核事业，这些人的分居生活，少则四五年，多则十几年。每当回忆此事，平添几分苦涩和内疚，共和国核工业的成就中应有她们的一份功劳。

一丝不苟的态度

1970 年底，八二一已进入生产准备阶段。一部分学生组织起来搞施工质量检查，加班加点钻研图纸、资料，在施工现场找“毛病”。我被分配到堆工运行组，两次派往老厂实习、培训。在开车前，各岗位又进行了严格的培训考试，一有空就去熟悉生产现场，看安装。我们几个技术员根据现场实况，将蛛网般的管路，画出了几大水系统、空气、氮气、油等系统图。在正式出图前，一分厂生技科长钱剑秋让我拿着图和铅笔，硬是到现场一一核对一个个设备、管阀、名称编号、挂牌，准确无误后，方才签名。我问他，我们几个人一一核对后才描图，你何必还要看呢？他说，签名意味着责任，核工业要一丝不苟，万无一失。也正是凭着这些工程技术管理人员扎实的工作，工程才得以一次启动成功。

神气的 02 单位

抢建八二一是中央的重大战略部署，那时的八二一，要人、要钱、要物，全国统统开绿灯。到外地订设备的人们，更是感到神气。我曾到大连、沈阳订过设备。一个电话过去，某人几日乘几次车到，通常有人接。我去沈阳时，是 02 单位驻沈办事处到车站接的，验过介绍信后，立即安排食宿。第二天到市机械局，介绍信、中央文件桌上一放，说明来意，一个电话过去，设备生产厂家马上来车接。在签订合同时，只需说明设备规格型号、技术要求、交货时间地点，而后你经常去看看进度和质量即可。发货时，常用军列，当时生活物资奇缺，但水果、肉类及日常生活用品都从全国各地调来。当地人对八二一更是充满神秘感和羡慕，另眼相看，需要地皮、住房、物资，统统提供便利。八二一抢建成功，是社会主义国家可以集中力量办成大事的有力证明。

壮观的“蘑菇云”

在八二一工程全面建设的同时，取水工程也在加紧施工。取水口泵房选在一座凸向江边的荒山处，靠常规放炮挖掘，时间不允许。经过 24 公司几个月的打洞后，在其中放置了 4 吨炸药实施定向爆破。1971 年 7 月 10 日下午，取水口附近和对面所有人，统统搬到了李家梁山上，只听一声巨响，半座山坡被推向江中，将江水拦腰斩断。强大的热气流夹带着硝烟、尘埃，直冲苍天，很快形成了一个硕大无比的“蘑菇云”，犹如原子弹爆炸一般，蔚为壮观。人们欢呼着，跳跃着，为亲眼目睹这一奇观流下了激动的泪水。我心里想：“看吧，振我国威、军威的蘑菇云中，一定会写上我们的一份功劳！”

（写于 1999 年）

49

李鹏来厂视察

段厚基

1987 年 4 月 27 日晚 9 时，国务院副总理李鹏的专列缓缓停靠在火车站。厂领导姚启明、程宗武、张华祝等在车站迎接。没有鲜花鼓乐，没有招展的彩旗，在静悄悄的夜色中，两辆卧车、一辆面包车、一台大轿车，将李鹏副总理、国务院有关部委、司局领导和专家，沿着崎岖的山路，接到厂区招待所。

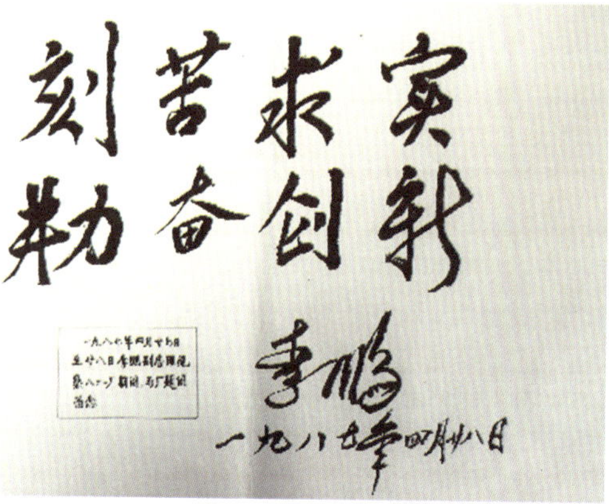

李鹏同志一行被安排在老招待所。厂领导觉得条件差，有歉意，刚一表达，李鹏副总理就说：“条件很好嘛！比起你们当年抢建时住席棚、睡帐篷好到哪里去了。”简单的寒暄对话，一下子缩小了国家领导人与基层的距离。

李鹏同志工作行程安排得极为紧凑，当晚 10 时许就开始听厂情汇报，观看厂情电视纪录片。

第二天上午到厂区视察。当他了解到八二一厂职工、家属在大山深沟为国家强盛无私奉献、不懈奋斗的情况时，他感慨地称赞："八二一人的精神真是值得敬重！"

下午，李鹏同志即将离厂。作为厂办负责人，想"利用职务之便"请李副总理题词留念，为此，我还真动了一番脑筋，其原因，一是怕他没时间题写，二是担心他是否愿意题写，三是什么时间写较为合适。

我与李鹏同志的夫人、秘书商议，预先在李鹏同志的卧室内放好了笔墨纸砚。特别是事先打听到他喜爱用坚挺一点的毛笔，我就选择了七紫和三羊两种不同的楷笔和宣纸，平展地铺在桌上，并且请摄影同志做好准备。

中午时分，从厂区返回桥头招待所后，抓住李副总理回居室洗脸、午饭前的间隙，加之李鹏同志的夫人和秘书的劝说，李副总理坐在桌前的椅子上稍加沉思，提笔润了润，挥笔运毫题写了"刻苦求实　勤奋创新"8 个楷体字，落款"李鹏 一九八七年四月二十八日"。这时，室外负责摄影的同志，早已选好了角度、调好焦距，按下快门，"咔嚓"一声，记录下了这一历史瞬间。

为记住党中央、国务院对八二一厂的激励和关心，厂领导派我到新都石板滩建材石材厂，将这幅题词放大镌刻在朱色花岗岩石板上，镶嵌在生活区大门右侧，成了八二一永久的纪念。

50

记老八路“乔老爷”

孙肇勤

当年八二一厂生产组有两个副组长，一位是张川负责抓生产准备；一位是乔恒明负责抓基本建设。乔恒明同志是老八路，1969 年调来前是四〇四 厂计划处计划科长。因为他平易近人，走起路来慢条斯理，也恰逢当年正在上演电影《乔老爷上轿》，同事们都爱称他为“乔老爷”。

1969 年 10 月，生产组搞基建的人员配齐后，老乔组织大家开始生活区的规划设计。这时候发现，设计很复杂，因为白龙江南岸，上游 2 公里是厂取水口；下游 2 公里是龟鹅峡，再过去直到 9 公里处的苍溪河口，山高、坡陡，若布置近万人的生活区，就得布置 10 公里长，真让大家犯了难。作总体设计的王式勋、作给排水设计的张树源、作热工设计的郑宝林、作建筑设计的李吉溪、罗才、作结构设计的张楚林等，各自从专业角度发表了观点，总体意见是：生活区布置在白龙江南岸是不经济的；从地质角度看，生活区布置在靠山、面水的狭长地带更是不安全的。

于是，老乔让我按大家意见写汇总报告，经厂部同意后报部，要求把

左一为乔恒明

生活区挪到江北面去建。1970 年 1 月，部批准了挪建生活区到江北的报告，并且再次重申："要因地就势，因陋就简，向低标准看齐，学习大庆'干打垒'精神，尽可能少占耕地，不占良田。"老乔就组织我们严格按照部批精神开始生活区的规划、设计。同时，老乔又指示我再打报告，要求建过江双车道大桥。不久又得到部批准。不过，部不同意建双车道，只同意建单车道。

面对部批意见，老乔是喜忧参半。喜的是同意建过江大桥了，忧的是建一座单车道桥。经过一番苦思冥想，老乔想了个折中方案：就按部批原则建单车道桥，不过在委托四川省交通局设计院设计时，桥面按双车道设计，路面两边先作人行道，成为单行道桥；将来再用小梁把人行道从桥面挑出去，就可成双车道。1971 年 7 月 ，过江大桥建成通车，为生活区建设大干快上创造了条件。

1970 年 2 月，基建组更名为基建处，实际业务是"基建"和"计划"，老乔任处长。3 月份，被安置在离厂区远处的 1 700 多名职工与家属，也陆续搬到生活区附近的老乡家。下半年开始，杨唯青同志发动职工，自己动手建干打垒房子，男女老少一起上，铁锹、镐头、竹筐、扁担、架子车就是全部施工工具。经过半年辛勤劳动，建成 1 万多平方米的干打垒房子，为后续进厂的 1 000 多名转业兵解决了住处，他们接着又成为建房主力军。

1971 年 4 月，开始建红砖外廊式小二楼。1972 年,22 和 24 两个公司，派部分队伍参加生活区建设。首先建设职工医院、职工食堂、学校、托儿所、俱乐部等项目，接着建六层楼。

1979 年，老乔任副厂长兼计划处长，把精力就集中到完成生产任务上来。老乔带领王长庚、李海珠等同志，从制定生产计划角度，配合分厂工程技术人员，前后用了近 5 年时间，采取了所谓“瞎子爬坡”的办法，一点点地提高工艺功率、流量、温度等参数，终于使产品提取率逐年提高，这项成果用于生产，比原设计每年节约原料价值 7 500 万元。为此，获 1982 年国防科工委科研成果三等奖。

51

从军品到民品

彭忠和

1963年我大学毕业，被四〇四厂录用，开始了神秘而又心仪的核事业，一直到1999年提前两年退休，整整37年。

驻厂催设备

1969年11月底随大部队到八二一。1970年，厂里让我从上海转战鞍钢无缝钢管厂催交屏蔽套。年底，该厂受革命影响，生产秩序还不正常。虽然我们持02单位“尚方宝剑”，作用有，但不大。我们的设备是该厂专管军工产品的中小室管的，而具体任务还是要按工艺流程由有关车间完成。为了加深与调度及具体操作人员的感情，我基本上每天都要带上东西招待他们。加工工艺是很复杂的，从实心棒料经过多次拔拉才能形成符合需要的薄壁屏蔽套管。期间我给他们提供了晶间腐蚀试验方案。终于在1971年初拿到了合格产品。

培训军工

催设备任务完成后，我回到了二分厂四车间。车间分来了近百名从新疆来的复转军人，他们需要培训。车间主任唐志杰分配我负责这些人的培训工作。车间“招兵买马”，由明皓任教务长兼《钳工学》教师，实践指导老师为老钳工陈菊初。老师还有王中华、周丽文等。我负责组织管理，根据文化水平的不同，分高、低两个班，首先学习数学、机械制图等。陈菊初对钳工基本功训练十分到位。一年的培训，可以说奠定了二分厂钳工班底。他们是经过“毛泽东思想大学校”培养的，发现了我工作中的不少缺点和不足，并且知无不言；我认真听取了，不断地在工作中改进，终于得到大家的认可。1973年，在接收我入党的车间支部大会上，105名党员全票通过我入党。

责任担当

随着生产周期的开始，检修因高辐射而变得更困难。

01厂房的设备大多安装在设备室。在设备室内开展检修工作，说有天大的风险也不为过，四〇四是有先例的。所以，每次重要检修都要做详尽方案，要安防监护，工艺人员、分厂有关领导和科室人员都要到现场。直接检修单位的领导更是身先士卒。有一次，设备室发现了一个漏点需要补焊，我当时是四车间的一个工段长，“身先士卒”，就第一个下到设备室，用铅皮将放射性极强部分管道屏蔽起来，让焊工魏同升、田金珂比较安全地相继完成了任务。

产品工段工作箱后区检修时，空气中的粉尘、气溶胶更是危害身体健康。一工段的钳工师傅张实富等人都为之付出了健康代价，每参加一次检修都要“促排”，每天留尿检测，根据数据，对一部分人要打促排针。曾有过体质较差的同志打针当场就趴下去了。我也经过数次“促排”，打过针，也接受过医学观察。

1976 年开始，我任七车间副主任、主任 5 年，负责机电仪设备检修管理，仍然和大家一样进设备室，钻蒸发器，到地下爬管沟。

水泥厂安装调试

1985 年初，主管劳动服务公司的副厂长李循发希望三分厂能不计报酬地帮助劳服公司完成 3 万 2 千吨水泥厂的安装调试工作。水泥厂是无设计、无图纸的工程，只能“照葫芦画瓢”，安装极其困难，每个结合部都需要现场比划后画出相应图纸。两台电机功率 300 多千瓦的转筒式球磨机，是水泥厂关键设备，在安装调试中，被迫进行电机启动方式的改变，但也无明显效果，仍然启动不起来。尽管三分厂的老师傅多，技术力量很强，也有疏忽的地方，近一个月的时间，没有解决问题。我仔细查看，发现问题的根源是安装时没有把靠背轮的间隙调到合适的位置。我带领三分厂和劳动服务公司奋斗一年，于 1986 年 3 月将水泥厂建成投产。

建成万吨铝厂

1986年4月，我任万吨铝厂厂长。铝厂采用当时最先进的自焙槽槽型，年产1万吨是当时四川省的“老大”。1987年冬季动工，中国有色七建承包土建和设备安装调试，成为“交钥匙工程”。工程进展中有两个关键，一是贵阳铝镁设计院的出图速度，二是整流变电所的建设速度与整流调试。

左一为作者

我首先主抓设计院出图进度，到设计院只要有利出图什么活我都干，如晒图和叠图纸。

面对株洲整流器厂难以满足供货进度要求，以及没有足够力量到现场调试的问题，我请机动处牛正生同志来铝厂参加整流部分的调试。牛正生是一位肯干而又技术拔尖的技术人员，车间的技术人员和工人在他的直接指挥下，整个调试工作很顺利，“株整”的同志表示赞扬和感谢。调试成功为电解槽的一次通电成功创造了先决条件。

铝锭浇铸

1989 年 9 月 11 日，万吨铝厂通电成功，在场的设计院、七建代表们都高兴万分，称道八二一有人才有水平。七建的杨师傅说，他参加过 12 个电解铝厂的通电投产，八二一是唯一一个“一次成功”的。“一次投产成功”获得部级科技成果奖。

铝厂投产成功，极大鼓舞了全厂转民的信心。市委王金祥副市长带领 4 大班子来厂祝贺，授予“铝业之光”的锦旗。时任四川省委书记杨汝岱视察铝厂 3 次，其他省领导也多次来厂视察，万吨铝厂成了广元市的一张名片。

转战成都铝箔厂

1991 年，我任总厂副厂长。1992 年 11 月，兼任成都铝箔厂厂长。

成都铝箔厂引进的国外比较先进的轧机，是当时国内 6 大铝加工厂之一，年产值可达 3 亿多元，是我厂的希望工程，核工业部和核燃料局十分关注，是核工业部和四川省重点民品开发项目。

我赴任时，铝箔厂已有 4 年的前期准备了，工程进入全面施工状态。为促进工程进度，保证国外设备按时到货并及时投入安装，我作出了第一个决定，发动全厂职工，不讲报酬协助土建公司开挖铸轧车间的设备地基和回填熔铝炉操作平台的土方。在副厂长张树沅的指挥下，包括铝箔厂领导班子在内男女齐上阵，完成了挖填土方任务，施工方称赞：创造了甲乙双方合作的典范，向八二一学习。

我作的第二个决定是目标管理。第 1 个目标是 1995 年 4 月实现铸轧车间投产运行；第 2 个目标是冷轧机要在 1995 年 11 月穿带成功并拿出合格产品；第 3 个目标是 1996 年上半年，中轧机轧出厚 1 毫米以下箔材，为精轧出“双零7”铝箔创造条件。每位工作人员都为此付出了极大的努力，在现场协助外国专家工作的卢阳昭同志堪称典范，还有许多同志为实现目标作出了巨大的贡献。

1996年9月，“双零7”铝箔轧出来了，与国内同类铝加工厂相比，我们只用了3个月，而其他厂往往是几年。当时的西南铝加工厂，设备比我厂更先进，然而就是轧不出“双零7”。当年，铝箔厂受到了中核集团的表彰。

52

我的一段“起落”经历

卓淑兰

我从北京化工学院68届毕业分配到核工业八一六厂，先在解放军农场劳动锻炼，于1970年3月改派八二一厂，分配在一分厂二车间成群流量班。

中共八二一厂第一届委员会于1973年12月28日产生，书记马正一，副书记杨唯青、孙华、王新吾、卓淑兰。他们都是老革命，唯有我小字辈，是因为那时强调“三结合”，要选一位年轻的女干部进班子。其时，我刚入党不久，只有32岁，自己在车间干活还可以，怎么够得上副局级岗位做领导，

左二为作者

于是一再推脱。马正一书记几次到车间找我谈话，要我“走马上任”。好在老前辈们传、帮、带，我不懂就问，还给我外出学习的机会，慢慢就适应了，我分管的计划生育与知青工作都是广元的先进。

1978年上级要求越级提拔的领导干部到基层去锻炼。于是，1978年8月，我又回到一分厂二车间任支部书记。一下子由“副局级”降到科级，“落差”之大，心里还是很不好受的，思想负担很重。职工怎么看，他们怎么想，刚回来那阵儿，走路都不敢抬头。但是，实践证明，我的担心是多余的，没有一个人表现出“势利眼”，反而对我比过去还热情。我甘当学生，坦诚待人，凡事与大家商量。我们车间自控、信号、仪表等都是技术性很强的岗位，知识分子比较多。我主动接近他们，谈心交心，发展了许多人入党，成为业务骨干，车间各项工作非常顺利。两年多，车间成为总厂级的“红旗车间”。后来，厂党委提拔我担任一分厂党委副书记、书记，与厂长李存来配合，把一分厂建设成了核工业部的“五讲四美三热爱”先进集体。我去北京参加了部里的表彰大会。连续两届，选举我为市中区人民代表。

1985年8月，核工业部党组任命我为厂党委副书记、纪委书记。1992年4月，我任厂党委书记。1995年8月，厂领导班子被授予四川省国防工业“四好班子”的光荣称号。

53

劳模丁树文

伏富祥

丁树文同志1935年9月出生于湖北省武汉，父亲去世早，由外公、外婆带大。1950年12月仅15岁就入伍，成为部队首长的通信兵。1953年退伍成为武汉造船厂工人，上班早，不怕苦、不怕累，尊敬师傅。

劳模丁树文

1963年，28岁的丁树文同志被选中调入四〇四厂五分厂大修车间，成为一名检修钳工。

1969年11月来到四川，在深山沟农民家住了3个多月，再到目的地老乡家找住房。然后修公路，建住房，进沟参加设备安装，常常一身油一身泥。因为他总是表露出憨厚的笑容，与大家和睦相处，大家称他“丁迷糊”。

为加工水厂水泵的密封圈，1973 年从德国进口了一台立式大车床，可以加工直径两米的件。技术人员把外文说明书翻译成中文，丁师傅对照着安装，反复调整，操作者十分满意。

三分厂先后生产过电唱机、电风扇、沙发、塑料门窗等民用产品。有名气的是大理石加工设备，生产了 8 台，销售给四川省雅安市几个厂家。这些厂家离我厂四五百公里，20 世纪 80 年代道路还是坑坑洼洼的，特别是山区路窄弯道多，一般要走两天才能到达。有安装任务时，丁师傅带几个年轻人一同去，言传身教。安装大部分是室外作业，夏日烈日当头，冬季寒风凛冽，丁师傅仍然乐在其中。

1984 年 3 月，他参加了四川省劳模大会，获得省劳动模范奖章。1985 年 11 月，参加核工业创建 30 周年庆祝大会暨核工业部劳动模范、先进集体、先进单位代表大会，与时任副总理李鹏同志、原部长刘杰同志、部长蒋心雄同志合影留念。从此，人们口中的“丁迷糊”变成了“丁劳模”。

他爱人是家属，无工作，有 5 个子女，所以无论在四〇四还是八二一厂，她都含辛茹苦地给别人做缝纫活贴补家用。他爱人多次让丁师傅托人给孩子们找个好工作，但他始终没有过找关系走后门。

丁树文经常加班加点、随叫随到，不存在什么份内份外，也不计较什么报酬，默默无闻奉献了一生。由于长期劳累过度，1993 年病退，后患上骨癌去世。

54

记忆中的父亲

曲　川

21年前的清明节，阴雨绵绵。我的父亲曲范山，在这天下葬于二分厂的后山坡上。在这里，他依然关注着为完成他未竟事业而刻苦攻关和奋力拼搏的核事业接棒者。在建厂50周年之际，我记忆的闸门再一次打开，父亲的音容笑貌又展现在眼前。

父亲1965年7月西安机械学校放射化学专业毕业后到四〇四厂参加工作。从此，父亲的命运与他钟情的核事业紧密相连，无论在茫茫戈壁的四〇四还是在深山峡谷的八二一，他都无怨无悔、任劳任怨、兢兢业业，直到生命的最后一刻——1995年11月。我的父亲，一个从农村走出来的青年，投身于西北的茫茫戈壁滩，转战于川北的深山峡谷，献身核事业，用行动和生命书写了大写的人字，我为此而自豪。

父亲家庭责任感极强。80年代我们一家“农转非”到厂里，父亲一人工作，三个孩子尚处学习阶段，生活压力很大。父亲从未气馁悲观，从不在家人面前说拮据困难，更多的是营造一个和谐欢快、积极向上的家庭氛围。父亲指导40多岁的母亲再学习，竞聘成为居委会委员。父亲把家庭习惯调节为“早睡早起”，每天6点，他做早饭，我们晨读，下班检查我们的作业，晚上9点半休息，完全是把单位的管理作风延伸到了家庭。我们这个家庭和孩子的命运轨迹，由此逐渐向好改变。

曲范山

父亲心中流淌着爱的河流。父亲任二分厂主工艺生产车间主任时，对工友们工作、家事无不关心帮助。职工有纠纷积极协调处理，婚姻大事忙着牵线搭桥，职工遇到困难及时伸出援手，家属有难题组织大家共同分担，工友离职返乡经常电话嘘寒问暖……父亲去世多年后，仍有工友专程来我家面对父亲遗像悼念。

父亲干工作，留给我的印象就是无私奉献。浅蓝色的图纸，经常带回家研究，父亲成了在家加班的技术员。召集车间员工聚在“拐角楼”，宣讲业务保障安全生产，算是以父亲为主角的会议。某些岗位紧急处置，父亲经常夜晚在家电话指挥如何操作某某阀门开关，从而安全度险。最难忘的是正值盛夏的水力压裂期间，两鬓斑白的父亲早出晚归，连续几天几夜坚守现场，一下班回到家就躺在凉席上，小腿浮肿，手指一按坑窝半天难以回弹；“你咋了”“我要喝盐水”母亲赶紧调上盐水冲剂，父亲喝下才稍稍平缓，“咋会这样，累成这样”，母亲又吃惊又担心。那时是废液处理的关键时期，身体严重透支，父亲虽然身体有恙仍坚持工作，只能利用中午下班直奔急诊输液。每当下班时间，我们在下班路口接父亲回家吃饭，工友却传来话“你爸下班先去医院输液了”。下午上班时刻，父亲让护士拔掉针头起身赶车。1995 年 11 月的一天，病症突发之前，父亲还带着工友们抡起二锤砸水泥墩，五十多岁的人还与年轻人一起干重体力活，一下子倒在了岗位上。躺在急救室，父亲昏迷之中还在念叨“该上班了，该去上班了”、“这个水泥墩子还没打掉”，无奈抢救无效，56 岁撒手人寰。

父亲的最后的归宿，也是他的心愿。李志新总工程师去世后，在一个阴雨绵绵日子里，父亲按照厂里安排带领他的工友为李志新选择墓地，最终选在二分厂厂区的后山上。这里绿草茵茵，树木繁茂，俯视八二一厂区一切尽收眼底。挖土休息坐地聊天间，父亲的意愿犹如玩笑脱口而出：“等到我哪天不在了，也埋在这里，看着工厂，和大家相伴”。没想到两年后，父亲在岗位上倒下，厂里的关怀最终让他了却了这个心愿。

父亲很平凡，一个平凡的劳动者，也是核工业十几万大军中的一员。但父亲执着的责任感、大爱无疆的情怀、忘我工作的态度却不平凡。他的精神鞭策着我们继续努力，以此告慰逝去的核工业前辈们。

55

攻克元件烧结难题

刘福钿

我从操纵员、值班主任到分厂主管生产运行，在堆工工作了 20 余年。八〇一和八二一两个堆发生过多起元件烧结事故，但两个堆分别从 1980 年、1981 年以后就没有发生过元件烧结事故。我所经历或参与处理的元件烧结事故占事故总数一半以上。

我到分厂主管生产运行后，半夜接电话，首先担心的就是元件烧结。我记得第一次发生的元件烧结事故，当时的紧张气氛难以形容，特别是对当事人压力之大是可想而知的。当然也和当时“抓阶级斗争”的政治气氛有关，但从另一方面讲，当时大家的精神确实可嘉，真是一不怕苦，二不怕死，用人推磨的方式进行处理，元件在地上就用手拣，没有人提条件、讲价钱，指挥高度统一。这次事故处理比较顺利，只花了一天多一点的时间。此事还惊动了周总理，总理给我们的精神以高度评价，把参加事故处理的一部分同志用专机接到北京，像接待英雄一样。这事一传开，感动了不少同志，有的说总理对待事物的方法就是高人一等，他能看到我们的革命精神，也确实给了我们很大的鼓舞和鞭策。

元件烧结主要有两大危害：一是对石墨砌体孔道损伤严重，使石墨砌体产生裂纹，直接影响堆的寿命，有的还必须采取加固措施才能恢复运行；二是使人体受照比较严重，每次都有人受到不同程度的照射。

为什么1981年以前元件烧结事故老是连续不断呢？现在回想起来，主要有两方面的因素。第一，很长一段时间操作人员确实没有经验，值班主任大部分来自电力系统，操纵员都是刚出校门的学生，大厅值班员大部分是军工，所有人员对堆的运行实践均是空白，边学边摸索，在管理上也比较薄弱；事故发生后，只基于就事论事地进行一些分析，很少举一反三，用系统论的观点、全面质量管理的观点去全面地分析，还有哪些可能导致事故的原因，做到防患于未然。第二，设备系统繁杂，人员太多也是导致元件烧结事故的原因。拿元件来讲，堆运行时整个堆要装十多万块元件，这些元件的制造、运输到入堆要经过上百人之手，中间有一块元件出问题，就有可能导致元件烧结。从工艺系统来看都是成群的，如有多少根工艺孔道，就对应相同数目的塔阀、密封球头、剂量测量探头、单管流量表，等等，而对应的操作也是成群的，如装料、关球头、调流量等就要进行上万次。

针对这个问题，我们从系统工程的角度，对元件入堆到出堆的整个工艺过程逐一进行了分析，采取了六项技术改进措施，元件烧结事故的发生率大为下降，从平均每年一次下降到平均两年一次。1980年、1981年以后，创造了连续几年无烧结记录。

（写于1988年）

56

记忆犹新的强放现场作业

王　盈

八二一厂二分厂是我国第二个后处理厂，在二分厂有一个专门负责核安全的队伍——二室。我工作时，二室共有 145 人，分布在全厂各个岗位，主要工作任务包括厂房、厂区辐射监及预警，卫生闸门管理和人员沾污监测，气态、液态流出物放射性监测仪表检验，工作服清洗，废物收集处理等，维护核安全和辐射安全的最前线，是检修作业中辐射防护的排头兵，对确保作业人员安全意义重大，在我的职业生涯中，两次强放射场作业令我至今记忆犹新。

高剂量设备抢修

1978 年，第三个生产周期结束，二室现场剂量组通过预留的仪表孔把测量探头放下去测量设备放射性强度，经测量，放射性超过标准若干倍，特别是到底部强度更高，怀疑有设备穿孔泄漏了。在分厂总工程师袁成顺主持下，成立了211设备室设备检修小组，袁成顺任组长，一、四、五、六车间、二室主任任组员，现场工作人员和配合各工种40多人严阵以待。四车间吊车工黄师傅，用天吊小心翼翼的拉起一立方米带有三个台阶的人孔塞；六车间职工马上把照明灯放入设备室，设备室地面明晃晃的反光，确信是有泄漏了。时任一车间主任李定凡主动请缨。他将下到九米深的设备室，用不锈钢长柄钳把地漏帽夹起来，把地漏疏通，剂量控制在月剂量范围，时间不能超过两分钟。时任安防主任刘德祥一再给李定凡交代，两分钟时间到，不管能不能完成任务，听到信号马上上来。李定凡像上战场一样，按要求穿戴好防护用品，沿着爬梯下到九米深设备室底部，整个人踩在不锈钢地面的废液中。剂量人员用秒表开始计时，大厅40多人都屏住了呼吸，只听到计时秒表咔哒咔哒的清脆的响声。“时间到了，李主任快上来！”现场安全员大声高喊，他却像没听见一样，任凭怎么焦急呼唤都不上来。直到7分45秒，他终于满脸汗珠的上来了，剂量人员马上检查，仪表最高档，手套测量数据满档。我毫不犹豫地一把撸下他的线手套（事后经计算，他这双线手套再超过50秒不取下，将造成β射线烧伤，很难治愈。），朝大厅北边没有人的废物桶跑去，一路上所有剂量检测探头全部亮起了红灯，报警铃声响成一片，更增加了恐怖气氛。一旁的白凤川马上又拉下他的乳胶手套，看他佩戴的剂量笔，相当于半年剂量。刘德祥责备李定凡为什么不听

现场监测

指挥。他说，地漏帽子被蒸发的硝酸盐封死了，长柄钳夹不起来，只好用手直接拔出来了。

第二天，领导小组重新研究制定了检修方案，决定用锥形不锈钢圆柱砸进去堵住漏点，然后用氩弧焊焊好。后经十几个焊工整整干了两个小时，圆满完成了焊接任务。

S-804 蒸发器系统拆除

1980 年底，211、213 设备室 S-804 蒸发器系统设备腐蚀严重，需要拆除更换新设备。分厂成立拆除领导小组，时任分厂厂长李定凡任组长，副厂长李循发、总工程师袁成顺任副组长，集合一车间、四车间、五车间、六车间、二室及分厂生产科、安防科、机动科等单位精兵强将参与此次会战。

在各级领导关心和现场指挥组精心控制下，拆除工作有条不紊地进行。211 设备室施工用了 8 个工作日，进设备室 108 人次；213 设备室施工用了 6 工作日，下设备室工作 51 人次。二室共有 103 人次参与会战，轮流下设备室对每个工作点测量，提供准确数据，用秒表卡每个人工作时间，随时对每个人剂量笔观察。

本次作业结束后，我有幸参加了核工业部安全工作会议。我的《s-804 强放设备拆除总结报告》和《八二一后处理外照个人剂量五年总结》两篇文章在会上发表，得到与会专家的好评。会后部核安全知名专家潘自强对我们强放设备更换和五年外照个人剂量数据表示怀疑。我自信的解释："数据没有错，时代不同了，与四〇四比，我们工艺更成熟，安全更重视，又有四〇四运行的经验教训，肯定更加科学化一点，再加上我们的核安全人员的责任心和付出，肯定能降低剂量。”这解释令潘自强心服口服。这两篇总结载入会议文献汇编，并通过保密处理，向中国核安全局提交，参加了联合国召开的日内瓦会议。

57

检修工的日常事

何友明

我1969年在江油上山下乡，1971年招工进入冶金部江油三〇二厂，1981年调到八二一厂、二〇四厂，一直到退休。我先在检修班工作近10年，那时候条件无法与现在同日而语，没有多少机械工具，几乎都是手工操作，全凭个人技术和人拉肩扛想办法完成任务。

最难忘的是年年给“球磨机”更换波浪钢瓦，每次都要从直径不到700毫米的入口掏出近5吨重的钢球，然后拆除已损坏的钢瓦，一块钢瓦重75公斤，一次大修全换就是100多块，这一进一出就是20多吨全靠人力搬。球磨机的罐体是一个直径约两米五的圆筒，换钢瓦时先按卡口顺序安装半圈钢瓦，然后两人抬起自制丝杠死死顶住两端，罐外面的人手动盘车半圈回到安装位置，再安装另外半圈。如此一圈一圈重复直至全部换完。为安全起见，大罐内只能有3个检修工和1个焊工配合作业，检修工负责换瓦，焊工负责切割。外面的同事配合。

抢修叶轮给粉机，由于位置狭窄只能一个人侧身站立检修，有一次扳手突然打滑，我身体失控，后背左肩被身后设备的棱角狠狠地刮了一下，棱角的毛刺穿透工作服在肩胛骨处划了一道 4 厘米长的伤口，出血，同事们让我马上去卫生所包扎，而我随手用口罩的内面把伤口简单处理了一下，继续坚持完成抢修任务。下班后到职工医院缝了 4 针，可能伤口有些感染，所以医生埋怨我没有及时就医，开了抗菌消炎药和病假条。药吃了，假没休，不是不想休，而是正处在抢修的关键阶段没法休。

右二为作者

一旦遇到紧急任务，什么流血受伤、起五更睡半夜、加班加点，那是家常便饭，几天几夜回不了家的抢修时有发生。那时候通信条件差，家里没有电话，更谈不上手机。有次抢修排粉风机，愣是两天一夜没回家，也没有来得及同家里人联系，设备倒是修好了，心急如焚的家属跑到车间找人。

检修设备经常会加班到晚上十点多钟。有时，半夜两三点钟被车间主任叫起进沟抢修，干到天亮还继续上班。最怕“三九”天加班，天寒地冻，设备、工具冰冷刺骨，特别是用洗油清洗轴承和设备内部时，双手冻麻了也不能生火取暖。到后半夜那才叫一个冷。有时候深夜干完活，值班车另有任务无法进沟来接，我们只好步行一个多小时回生活区。下班时洗完澡头发是湿的，等我们到家时头发已经冻得硬邦邦的，就像戴了一顶冰帽子。那时候加班加点没有什么加班工资或者奖金，只有夜班费和“换休票”，不过我的 80 多天“换休票”基本没有发挥作用。

58

没有硝烟的战斗

汤乘东

一座长数百米、宽数十米的厂房，掩映在深山的绿丛中。厂房的基座当年是3道梁，山梁被削平了。在那些不起眼的红砖楼里，有着数千吨不锈钢器皿、数万台仪器仪表，还有过那一场场惊心动魄的“战斗”。

“挂铅”唱“红灯记”

某泵泄漏，厂房报警红灯闪烁警铃长鸣。分厂调度指挥系统瞬间进入“战斗”状态，他们深知，料液中的金属比黄金贵数十倍，这里损失一星半点，就等于扔掉几座矿山。停车，每天要白白花费国家十多万元的维持费用。抢修，十万火急！经过缜密研究，分厂迅速制订了应急抢修方案，首先成立“挂铅屏蔽”突击队，七车间主任彭忠和任队长，队员由支部书记游明义、车间管理组、技术组、各班班长等组成。

主厂房设备室入口不足一平方米，一架不锈钢云梯直插坑底。因为“强放剂量”的报警灯为红色，职工们把这种抢修作业戏称为唱“红灯记”。洞口处，分厂领导督战，每次唱“红灯记”，最担心职工不按时返回。这次抢修的第一条纪律，就是一切行动听指挥，谁不按时返回，就是违反劳动纪律。突击队员们穿戴完毕，经过安防人员严格检查，在洞口处集结待命。此时入口处安静肃穆，有点“风萧萧兮易水寒”的气氛，现场十分庄严，只有默契的行动和秒针滴答滴答的声音。第一梯队进洞了，大家都捏住一把汗。设备室内，光影交错，随着时间推移，一块块沉甸甸的铅皮放在料液管线旁边，借以屏蔽放射性。与突击队员“较量”的是他们视为珍宝的液料，是密集的 γ 光弹袭击。一批出来了，又冲进一批处理泄漏事故，没有畏惧，没有退缩。

钻进“老君炉”抢修

1986 年 3 月，390 #焙烧炉运行格外顺利，产品批批合格，再有十余天即可完成本周期焙烧任务。18 日早晨，炉丝突然烧断，电工闻讯对炉丝进行了更换。电闸一合，炉丝再次烧断。在这紧要关头发生了“筒体漏”意外。

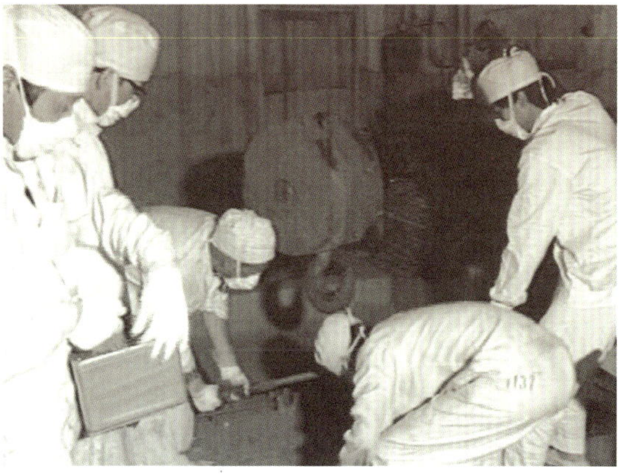

抢修作业

390 #炉按惯例更换炉丝少说也要六七天，且降温过快容易发生炉内保温层脱落，会带来更大的麻烦。何况生产周期已接近尾声，若延长生产周期势必增加费用，会使后面的工序计划全盘打乱，会增加数十万元的开支。“非常时期采用非常手段”，一个不解体施工方案在分厂紧急生产会上通过了。不解体，就意味着要到炉内去清理、补焊，有钻进“老君炉”的“味道”。

3 月 20 日，炉体经过短期冷却开工抢修，随着隆隆的起吊声，炉盖缓缓升起，从炉内冲出的热浪炽人肌肤。厂劳动模范张实富第一个上去，迅速查看炉筒，故障十分严重：直径一米多的筒体，横向裂缝长 85 厘米、宽 3 毫米。钳工李艳等人不顾热浪扑面，钻进炉内，在高温下，手提式砂轮机发出尖利的声音，刺耳的嘶鸣在筒体中回响，助热为虐。龙吉廷、郭思喜已连续几个班守在炉旁，电工、仪表工“徒手”清理着炉膛。烧结的黑色金属粉尘凝固在炉膛内，清除它们不仅需要力气，更需要毅力和耐心。汗水浸透了他们的双层工作服，保温材料的粉尘沾在裸露的皮肤上奇痒难耐。焊工魏同升、冯明惠轮番作业，他们站在发烫的炉体中，脚下垫着隔热木板，挥汗如雨，精心焊接。总厂机动处领导、分厂厂长服务到现场，他们徒手盘动筒体，配合焊工们操作。经过连续突击，终于比计划提前 4 天完成抢修任务。

（写于 2004 年）

59

从门外汉到行家里手

周先觉

我于1968年12月从中国科技大学近代化学系放射化学专业毕业，分配到二机部。1970年3月到八二一厂报到，分配的工作是二分厂一室流线分析班。

所谓流线分析，即为“在线”及时分析，应属于远程自动分析的范畴。我知之不多，只能从字面上理解这种分析方法不是在实验室进行，而是将分析装置安装在工艺管线的现场，进行及时分析并将分析结果同步传输到控制室的显示仪器上。1974年底，流线分析组11人，其中工人3人。这11人没有一个有过流线分析的专业学习和工作经验，只能从头学起。

我们先后被派往北京401所、第二研究设计院、北京综合仪器厂、上海分析仪器厂、西安仪器仪表厂以及兰州四〇四厂学习。我们如饥似渴地学习，我感到最难的是测量仪器仪表的线路结构、工作原理、监测信号的接收、转换和输出的工作过程。因此，我就从二极管、三极管这些最简单的电子元器件的工作原理、放大器、单稳态、双稳态、脉冲电路等最基础的电子线路知识学起。我们分别编写了《铀浓度流线分析方法》《钚浓度流线分析方法》《总 r 流线分析方法》《酸度流线分析方法》等培训教材，组织组内人员反复、认真地培训和交流，使流线分析组的人员，特别是稍晚进厂没有机会外出学习的人员，基本了解了有关知识。

1 号厂房酸联动试车之前，我们在现场对所有流线分析装置进行了全面的检查，特别是监测系统的连接线，点对点检查，确保每根信号线完全一一对应，为流线分析系统的最后标定做好准备。我们还配制了所需的各种不同浓度的溶液，对所有的流线分析系统进行了标定，确保在厂房投入正式生产时，流线分析系统能够同步投入运行。当正式投入第一批元件，所有流线分析监测点也同步投入了运行。我清楚地记得，袁成顺、李志新等二分厂主管工艺生产的领导很关心流线分析的监测结果是否准确可信，要求我们不时地去现场取样送分析室进行分析比对。比对结果表明我们的流线分析监测结果是准确可信的。

1977 年上半年，二机部在广东省韶关市召开了二机部流线分析技术交流会，我编写的《国营八二一厂二分厂第一个生产运行周期中流线分析监测系统的运行状况》技术报告，在大会上作了交流。

1977 年 11 月 15 日，在国营八二一厂首次科技大会上，我作为流线分析组的代表，作为在科技方面做出成绩的科技人员，受到了大会的表彰。

1978 年 11 月，我编写的《技术总结》，在四川省放射化学学会 1978 年会上作了技术交流。

60

模范岂止在劳动

郑应发

我认识丁劳模是在三分厂的职工食堂里。有一天中午，我去食堂买饭，不知道是什么原因人特别多，所有的窗口都排起了长队。等了很久，我终于买到了两份红烧肉、4个馒头，因为我家来客人了，心里急，动作快，一转身撞上了背后的人，菜汤洒到了人家衣服上。我红着脸诚恳地说："师傅，真对不起，弄脏了你的工作服，我来给你洗洗吧！"他平静地笑着调侃："这么美味的东西，洗掉多可惜呀，快吃饭吧小伙子。"事后同宿舍的老李跟我说，你知道那人是谁吗，大修班的班长、劳动模范丁树文。

机加工车间一角

"停军转民"后，我

所在的三分厂生产金刚锯。分厂把眼光投向边远和欠发达的山区，因为大山里不缺石头，但缺乏的是把石头变成真金白银的设备和技术。我们补其短板，重视销售，以超好的性价比，让金刚锯在枣阳、雅安、达州等地安家落户。

最初，金刚锯卖给了湖北枣阳的一石材厂。在生产过程中发现这台设备有一些缺陷。为解决设备的问题，丁劳模几下枣阳处理问题。俗话说：挑刺容易移刺难。丁劳模和同事们压力重重，寝食难安。他和班里骨干商量，和技术人员研究，自己查资料、算数据，向领导提建议，摆设想。分厂领导集大家的智慧，提方案，改图纸。工人加班突击制造零部件，终于使金刚锯跨上了一个新台阶。那年以丁劳模为首的有关人员获得了厂颁发的技术革新奖。

如果说丁劳模出差枣阳表现不俗，那么他东下达州也很值得一提。分厂为了进一步扩大金刚锯的销路和知名度，决定派人到达县走访一下用户，检查设备情况，听取客户意见，为广告宣传计，再制作一部金刚锯专题片。这项任务就落在了丁劳模、电工班长、厂电视组摄像师傅和我 4 个人身上。

我们到达县后，立足未稳。丁劳模便带着我们马不停蹄来到了生产车间。工人们反映的问题主要是切割出来的板材有些厚薄不均。丁劳模俯下身子，不顾运转中的金刚锯溅出的水花，像老中医那样听测研判。待设备停车后，拿出工具拆卸调整，经过一个多小时的忙碌，金刚锯又启动运行。大家看到设备运行平稳，板材切割顺利，尺寸符合标准，都拍起了巴掌。丁劳模对值班长说，一定要按规程操作，不能只追求快出材、多出材，那样欲速则不达，还会影响设备的寿命。

结束了一天忙碌劳顿，晚饭后，我们就早早地躺下了。4 个人一个房间，杂音此起彼伏。特别是丁劳模的“动静”非同一般，呼噜声那真叫一个响。直到夜里两点，我仍在“翻烧饼”。明天还有不少事，座谈、录像什么的，越想越睡不着。忽然，呼噜声没了，睁眼一看，原来丁劳模要上厕所。我实在憋不住了，“丁劳模呀，你呼噜声惊天动地哟。”他说：“我咋没听到呢？你应该早说啊。”

第二天，我一觉醒来，天还没大亮，却发现丁劳模不见了，是晨练去了，不对，晨练也太早了，才 5 点多。我推开房门一看，大吃一惊，丁劳模一个人睡到外面的长沙发上，我心里酸酸的：丁劳模呀，你心里总是装着别人，唯独不怕苦了自己。

61

赤子痴情

黄大贵

你走了，走得那样匆忙，来不及告别远方的亲友，更没给妻子儿女留下什么遗产。你就这样忙忙碌碌地走完了五十年短暂的人生里程。

刘福钿

你祖籍湖南长沙，出身赤贫农家。二十六岁那年，你从中国科技大学毕业，主动报名去了西北原子城，在那儿一干就是十年，由副操纵员、操纵员、调度员，一步一个脚印地当上了值班主任。你永远忘不了同原子能专家姜圣阶一道奋勇抢险的动人情景，那是一次严重的核燃料元件烧结事故。你是周恩来总理高度评价的那个抢险英雄集体的主力队员，也就是在那次，你的身体受到了高剂量照射。

后来，你被选为技术尖子调到四川参加三线建设。你携带妻子儿女来八二一厂报到，正赶上反应堆即将试车投产的关键时刻，你仍被分配在中央主控制室任值班主任，连半个台阶儿也没上。你认了，依然兢兢业业钟情于你热爱的核事业，依然忠心耿耿地履行着你的神圣职责。你在反应堆运行岗位十五年，亲身经历和处理过许多大大小小的各类生产事故。在一些谈核色变的人眼里，吃剂量无疑是致命伤，可你却习以为常，依然充满着豪爽乐观。

那天，又是你带班，刚处理完一起跑水事故，你突然眼冒金星，虚汗淋漓，脸色蜡黄，肝痛难忍……在场的同志要送你去医院，你掏出几片肝泰乐服下说："我这是老毛病了，不碍事儿。"说着用手揉了揉肋腔，将疼痛部位顶在桌子角上……

长期的肝痛折磨，你的身体每况愈下。万不得已，你妻子写信将实情告诉了老家亲友。不久，一位亲戚来信说，可以帮忙将你和妻子调回长沙工作。你没回信，二十天后又收到一封，信中说："你就是不考虑自己，也该为儿女们着想，难道让子孙后代跟着你永远蹲那个大山沟吗？"你这才语重心长地写回信："感谢你们的好意，我的专业在这里，我的事业也在这里。离开了这里，我吃饭睡觉也不安然！"没半句政治高调，有的只是赤子报国的一腔痴情。

次年 3 月，你被提升为一分厂副厂长兼总工程师，拼搏劲头有增无减。然而，你的健康状况每况愈下……厂工会第四次安排你去健康疗养，北戴河、杭州，地点由你自己选择，没想到又被你婉言谢绝了。每次安排，每次推脱，每次都能说出一大堆不去疗养的理由。

你深知，生命虽然有限，奉献永无止境。你要为核工业的发达兴旺顽强拼搏。你将自己从事反应堆安全运行二十多年的实践经验加以归纳提炼，提出了改变反射层结构、缩小堆芯体积、进行小堆运行的大胆设想。

为把设想变为现实，在国内尚无先例的情况下，你勇担风险，亲自选兵点将，组织攻关组的同志广泛研究论证，集中群体智慧，拟出方案上报，很快得到部燃料局的批准，经过反应堆物理实验，证明此方案切实可行。你亲自担任现场指挥，于当年秋季将小堆运行方案付诸实施，你守在现场两天两夜没合眼，协调解决了技术上的一系列疑点难题，终于使小堆运行一举获得成功，圆满完成了部里下达的调整计划，为国家创造了 869 万元的显著经济效益。此项科研成果获得了核工业部科技进步一等奖。

荣誉证书和奖状捧回来了，你的身体也更虚弱了。光阴易逝，人生苦短。你觉得还有许许多多的事情需要抓紧做，你生物钟上的发条拧得更紧了，熬夜撰写也越来越多了。妻子十分气恼，软硬兼施连哄带劝都不顶用。你要把多半生从事反应堆运行的经验总结出来给后来者留下点宝贵财富。那年 2 月，当你写完了《防止元件烧结的技术改造》一文，不久便一病不起，住进医院再也没有回来……弥留之际，总厂、分厂的领导和好友纷纷前来探望，人们无不唏嘘洒泪。

然而，你还是走了，走得那样从容、那般安详。你才刚满五十岁，正是报效祖国的年龄……

你叫刘福钿。安息吧，八二一不会忘记您。

（写于 1999 年）

62

奋力分洪保安全

汤乘东

1987年夏，一场特大暴雨狂泻不止，滔滔山洪挟着沙石铺天盖地倾泻而下，漫过一人深的防洪沟，冲垮百余米的防洪墙，严重威胁着厂房安全。

接到险情报告，分厂副厂长魏博，生产科刘文德、林良元，保卫科宋开宏，计划科高德源及宣传科同志最先赶到现场。洪水眼看就要漫过南大门门槛，而远土也堵不了近水。魏博与伙伴们迅速做出引流急救的决定。说干就干，6位同志纷纷跳进了浑浊的污水中，山洪直冲厂房南大门，几十米的落差使山洪在大门处形成了一个巨大的“6”字形漩涡流，偏偏在南大门与西侧洞口之间又长满了灌木葛藤，顺水而来的树枝杂草很快形成阻挡层，使南大门外水位骤升。危急之中，大家迅速清理葛藤等杂物，不远处就是水流湍急的涵洞口，一失足就会被无情的洪水冲下悬崖。

林良元把守洞口以防不测，魏博边清理边提醒大家小心提防，刘文德等人干脆甩掉衣服赤膊上阵。他们喊着号子在暴风雨中奋力清除杂物……时间一分一秒地过去了，阻挡层终于被彻底清除，“6”字形漩涡流在缩小，水位在缓缓下降，暴虐的洪水得以遏制。

抗洪抢险

沿山洪逆流而上，厂房西墙边积水很深。洪水严重威胁05/06大罐安全。形势非常危急，必须分洪，以减轻对罐区特别是大罐的威胁。经林良元建议，分厂厂长王明权、主任工程师李志新与魏博等领导当场决定，在05靠平溪河的围墙开个洞，打通西墙分洪。然而，西墙是加了钢筋的墙，墙根处水深过胸，大伙情急，用钢管猛撞墙壁，可墙却岿然不动。更糟的是，墙端还挂着一个硕大的马蜂窝，凶狠的马蜂错把抗洪者当成洪水的同谋，把淹没“家园”的仇恨全部发泄在分洪者身上。洪水中，钢管撞墙扑扑作响，手上打起了血泡又被磨破，浸在水里钻心地痛。但大家根本就顾不上这些，只顾机械地撞击、撞击，再撞击，终于打出洞子，继而扩大战果，洞子足够大，洪水得以分流，终于排除了罐区重大险情，确保了核安全。

（写于2004年）

63

“敢死队”的故事

白豫平

1980 年的一天，周一，我进厂上班。第一个就碰到科室的郝成恩，他很神秘地对我一笑，说是便宜你小子了。老郝是我老乡，平时关系很好，我一时莫名其妙。他告诉我，周六夜班，厂里出事故了，周日厂领导上午开会研究了处理方案，组织了事故处理敢死队，敢死队最初名单里有你，但参加会议的人没有一个人知道你刚搬的新家在哪里，没法通知到你，因时间紧迫，最后将你从名单中划掉了。

原来上周六深夜，正停堆检修空工艺管道下面的卸料机构。凌晨两三点钟，正是人困马乏之时，副操纵员“神差鬼使”选错了一根工艺管道，而主操纵员也“鬼使神差”地口头确认了。把一根有原料的工艺管卸料机构打开了，烧得“半生不熟”的满满一管料“从天而降”落在模拟车上。顿时报警铃声大作，显示放射剂量超标的红灯全部闪烁起来。大厅班的人知道情况不好，一个个连滚带爬地跑出了工号，随后关上了工号厚厚的防护门。

厂领导星期天早上马上开了紧急事故处理会议，会议有党委书记、厂长、总工程师、安全防护科、生产技术科、机械动力科等生产科室和有关车间领导参加，研究处理事故的方案。安全防护科的刘繁红冒着被强射线辐照的危险，查看了现场情况并测试了现场的剂量，在会议上向领导作了汇报。根据现场复杂的实际情况，经过反复讨论和计算，确定了处理方案：组织事故处理队（俗称敢死队），队员的要求必须是已婚男性且有孩子、身体健康、共产党员或共青团员、平时工作中身体没有“超剂量”，每人最多进去处理 1 分钟必须出来。在那个完全服从组织安排、“一不怕苦二不怕死”的年代，只要名单上有的，没有一个人打退堂鼓的。

会后，参加敢死队的人，按顺序排在工号入口处，党委书记、厂长、副总工程师、科长、副科长都排在前面，准备好后冲进去用工具把掉落在模拟车上的“热料”推入水斗。进去的人除了换上经常穿的白色工作服，戴上特殊口罩外，还“武装”了铅围裙和铅玻璃眼镜，凡裸露的皮肤都涂上厚厚一层凡士林。外面由总工程师刘福钿计时，1 分钟时间到，立即敲响金属管道，里面工作的人员马上退出，换第二个人冲进去。前后共进去 11 人才把所有“热料”清理完毕，及时完成了紧急事故处理。

就这样阴差阳错，上了名单的我没能参加敢死队。

64

与自然灾害的顽强抗争

段厚基

巴蜀大地，人杰地灵。许是天妒，却也是洪水、地震的高发地带。建厂以来，多次遭遇自然灾害的袭击，面对灾难降临，八二一人展现的顽强抗争精神，至今让人难以忘怀。

就拿洪水来说，几乎年年遭遇、防不胜防。1977 年 7 月 4 日，本地发生了 32 年来从未见过的洪水灾害。当时平溪河堤被冲垮，二分厂办公楼、机修厂大部分厂房、仓库洪水似黄泥汤涌入，深达一米多，大量物资被冲走。这年 7 月，白龙江水浊度最大达 10 万度以上 5 次，持续时间长，制水困难、锅炉停气，电力波动频繁，外电网事故多，反应堆被迫降功率和停堆次数增加，损失严重。

洪水总是与八二一较劲。1978 年 7 月 27 日，白龙江水暴涨，杂物剧增，水如泥汤，滚滚而下，浊度达 10 万度以上，生产生活用水岌岌可危，真是到了风口浪尖上。二机部副部长姜圣阶亲临 201 现场指挥抗洪保水大决战。201 车间职工从上到下，奋不顾身的制水抗洪保水精神，令姜部长甚为感动，他说：“有八二一人在，什么困难也难不倒、击不垮！”

更令人惊魂的是1981年7月12日，连续3天暴雨倾盆而下，降雨高达450毫米，白龙江水狂泻而下，洪水几乎漫过大桥，厂区交通被迫中断14小时，职工无法上下班。为确保主厂房安全，确保生产运行，职工硬是趟着泥水、手牵着手走上工作岗位。这就是八二一人吃苦耐劳、敢于拼搏的奉献精神，这就是八二一这颗参天大树的生命所在。

八二一成长壮大中历尽艰辛磨难，不单单是本地区遭遇的天灾。那是1975年8月初，河南省部分地区特大暴雨突袭，房屋倒塌，灾区人们身无安居之处，洪水造成灾害始料未及。当时八二一正处于投产的关键时刻，主要岗位上有河南籍遭受灾害地区的军工数百名，尤以河南驻马店最多。这些同志上有高堂下有妻儿幼崽，人心恐慌。为此，厂党委果断决定派出厂慰问团赴灾区慰问、安抚，尽量及时返回讯息。与此同时，发挥政治思想工作优势，对全厂家在河南军工职工进行安慰、疏导，打通心结。经过细致的深入工作，数百名军工在大灾大难面前，没有一个离岗返家，用实际行动诠释了“忠孝不能两全”的含义。

疾风知劲草，患难识忠诚。1976年8月16日至9月5日，松潘、平武强烈地震波及八二一厂,2008年又发生“5·12”汶川大地震。两次灾害，两次磨难考验。松潘地震，八二一人挺起腰杆顽强抗争，抗灾值班室彻夜灯火通明，妻儿老小空地上搭棚防灾避难。生产岗位照样全方位运转，无缺勤无漏岗。由于广元地区受松潘、平武地震影响，出煤量大减，厂里库存量又有限，厂组织运煤大会战50天，完成36 000吨运输煤任务，确保全厂生产任务、生活保障平稳运转。这就是党中央、国务院和省部领导所赞扬的八二一人在困难面前不低头，克难攻关勇向前的大无畏精神。汶川地震，八二一人坚持不懈、坚强不屈、坚忍不拔、坚定不移，全厂上下团结一心，确保了国家核安全和人民生命财产安全。时任国务院副总理张德江同志亲临八二一厂，看到八二一人几代人扎根深山、为实现强国梦的献身气概，动情的称赞八二一厂精神是可敬的，八二一人是可爱的。“祖国感谢你们，人民感谢你们！”

洪水冲不走忠诚报国的精神，地震震不垮坚强不屈的信念，这就是八二一人，就是对八二一精神最好的诠释。

65

刘伟部长的叮嘱

王书柯

八二一反应堆交工验收后，工程现场负责人马正一同志率领孙华同志、一分厂总工张清泉同志和我，一起赴京汇报工作并且申请反应堆物理启动、投产。

汇报活动在二机部大楼的会议室举行。会场坐满了各司局的领导、核二院的专家，还有兄弟厂领导。

会议准时开始。二机部部长刘伟同志穿着一身灰色中山装站立在讲台前。孙华同志首先作了工程建设情况汇报，比如说，工程已经完成子项233个，完成建筑面积33万平方米，已经基本具备物理启动的条件。然后，孙华同志指示我上台汇报工程亟待解决、完善和改造的问题。

我走上讲台，挂上工程示意图，准备开始汇报时，刘伟部长已经走到我身旁，并且用右手拍拍我的左肩，问："小王，你多大年纪了？"

"我属鼠的，今年37岁了。"

"你还年轻哦！工作有了成绩，千万别自满，别骄傲，要好好地为国家核事业的建设和生产作贡献！”刘部长语重心长地说。

“我一定全记住部长的教导，坚决用行动感谢部长的关怀！”

在我汇报的过程中，刘部长很少入座，总是站在讲台前听、记、问。之后，刘部长转向会场，而且，加重了语气问：“老马呀，八二一花多少钱了？”

马正一同志回答：“奋斗 5 个年头，花了 * 亿。”

“张道铭来了吗？”刘部长转头发问。“到了！”军人出身的张道铭“嗖”地站起来，笔挺身姿，看着刘部长。

“你们花了多少钱？”刘部长问。

“报告，花了 * 亿，已经打了一个洞！”张道铭回答。

“杨广远来了吗？”刘部长又转头问。“到了！”杨广远也站得直直的。

“你们花了多少钱？”刘部长问。

“花了 * 万。现在，已修了一条路。”杨广远回答。

刘部长说，听了八二一厂的汇报很高兴；你们取得了很大的成绩，可是，一定不能骄傲哦！

然后，刘部长与大家一起，逐条讨论八二一厂提出的问题，逐条明确解决问题的责任部门。从而，保证了八二一反应堆一次启动、投产成功。

66

反应堆应用计算机的回顾

付炳灿

1970年，我作为成群功率监测系统增设巡检电子计算机的主要技术责任人，组织和参加了该系统的设计、设备研制、安装调试和试运行工作。

关于八二一反应堆增设成群功率监测系统的问题，在三结合设计阶段曾经提出过，设计队认为当时国产电子计算机技术不过关，赶不上抢建进度，未列入设计范围，仅预留了计算机房间。

1970年3月，一队向八二一工程现场领导小组提出增设成群功率监测系统，争取在八二一反应堆提升功率前与堆工生产同步投运的建议，得到现场领导小组的支持。6月，八二一正式向部里申报了关于增设功率测量系统问题的专题报告。7月，一队组成三人调研组赴重庆、上海、北京进行调研，8月到部后勤组进行了汇报。部领导原则同意八二一增设检测系统的意见。11月25日，部后勤组张化民同志向我们传达了李觉部长批示："同意增设成群功率测量系统，可安排设计订货，但交货日期1971年8月末前不一定，应视研制情况。"成群功率监测系统正式立项。

1970年12月厂里派人去重庆自动化研究所，商谈成群功率系统的研制问题。研究所表示愿意承担主机研制任务。1971年3月，厂方与重庆自动化装置厂商谈流量中间变送器的研制问题，初步协议按技术任务书的要求，立即开展样机试验，争取8月做出样机，经测试合格后生产，1972年上半年交货，与一次仪表配套调试。

1971年8月，厂方与重庆自动化所正式讨论确定了正式方案，包括温度、流量巡检合并为一套装置，采样方式、故障监督、计算机整机规模、技术指标、外存储器等技术方案。为争取时间，赶上反应堆建设进度，确定不做样机，一次成功，形成会议纪要，明确交货方分步进行。流量变送器1972年上半年交货，采样装置7月交货，巡检计算机主机于1972年底交货。

八二一厂派人分别参加巡检和电子计算机的试制工作，以便熟悉主机性能，加快研制进度，又可及时反馈信息，对研制中出现的技术难题双方可以及时研究，当场确定解决办法。由于八二一工程抢建进度快，时间紧迫，二院不承担现场施工设计，成群功率系统的安装施工设计任务由一分厂二车间自己承担。

1971年10月，分厂派二车间技术人员去自动化所学习巡检计算机主机图纸，协助所里进行主机柜装配，同时结合现场的实际情况，开展整个功率监测系统的现场安装施工设计工作，在主机及自订各种外部设备到货前，施工设计图纸也按预订计划完成。

巡检采样柜于1973年4月运达我厂，敷设电缆及安装配线工作随即开展。巡检计算机主机柜于1973年6月运回厂后，经过一个多月的日夜奋战，圆满完成了全系统的安装配线任务，整个系统80余台件设备、近百公里电缆、10余万个接线焊点，全部由一分厂二车间在半年的时间内完成。

1971年1月，开始进行成群功率监测系统的主机和系统调试工作，克服了许多困难，解决了系统出现的电气干扰和许多技术困难，1974 年 6 月，成群功率监测系统的各项技术指标已经达到，主机经过三个月的试运行后，于 9 月反应堆提升功率时全系统交付运行单位（一室）试用，以对其进行较长时间的运行考验。

成群功率监测系统增设巡检电子计算机 1976 年 5 月通过部级鉴定。它开创了我国电子计算机在反应堆上应用的先例，为保证反应堆的安全运行提供了可靠的监测手段。该项目于 1978 年获得全国科学大会重大科技进步奖。

（写于 1988 年）

67

我的扶贫故事

于宝良

青川县地处川、陕、甘三省交界处，山高、沟深、海拔高，气候变化大。当地谚语“广元的风，昭化如葱，青川下雨就过冬”。

20 世纪 80 年代，省国防工办承担青川县扶贫工作，一批干部派到青川扶贫，并要求八二一厂派一名能吃苦、独立工作能力强的科级以上干部参加。厂党委厂部派我去。我到县组织部报了到，拿回县里发的各种材料和学习资料。晚上我到小食堂吃饭时见到一起下去的李书记。他又矮又瘦，但很和蔼可亲（原单位是四二〇厂党委书记）。食堂没有桌凳，我和李书记打了饭蹲在屋檐下边吃边聊。李书记风趣地说：宝良啊，这就是以实际行动学习孔繁森，现实的“社教”。我说：“你是地师级干部，挂职县长等于降了三级，我和你不一样还升了半级。”李书记问我，来到青川感到落差大吗？我说：“落差不大，八二一也是大山沟。你才落差大呢！从城市霓虹灯到深山老林，下到底了。”实际上李书记在做我的工作。

县里召开干部会后，就把我编在李书记为队长的扶贫社教队里，给了我一个副队长兼秘书的职务，一下子把担子压下来当时真感到“压力山大”。

右四为作者

我从李书记的口中了解到，这次下来的干部暂时不到农村去了，因电站蓄水后延了，移民工作不那么着急，全部安排在县城工作。（说是县城，实际就是一个小镇，名字叫“乔庄”）国防工办来的干部大都分配在县办企业、移民局等机关工作。

我不愿意在县城工作，要求下到远离县城的企业或工厂去，发挥对工厂熟悉、从工厂一线出来的优势。就这样分配给我主管青川制药厂和自然资源开发公司的工作。我心里只有一个念头：把两个单位的生产搞上去、把效益搞上去、把队伍搞稳定，尽快见到实际效果。

青川制药厂主要生产常用抗生素片剂和中成药，改革初期也搞起了承包，企业有了自主权、经营权。但好景不长，姓周的厂长携款而逃，失联失踪，厂里乱了套，当时的情况可想而知。

县里、省里对药厂发生的问题很重视，及时派一个支部书记。我们一起帮助建班子，稳定队伍。县里派会计师帮助理账、查账，给全厂职工一个交代。在县里的支持下，在广元市银行的支持下，有了生产资金和少量维持生产的流动资金。我们按着要求边搬迁，边基建，边装饰，工作环境焕然一新。重新建立了片剂车间，冲剂车间，汀水车间，动力车间，重审管理制度。成立了生产科，技术科，销售科，保卫科。加强了管理，学习全面贯彻质量管理。我还跟班劳动，到一线鼓劲，查岗，查工艺参数。有一次生产科长没换鞋，没穿工作服进片剂车间，我发现后批评了她。从此，很多职工引以为戒没有违规的 。

在药厂形势好转中，我开始重视安全生产。动力车间有个十吨卧式锅炉，已经用过十多年了，热效率上不去，锅炉内已经破烂不堪！于是我带着动力车间主任和司炉工到我厂 204 分厂参观学习，咨询小锅炉如何改造，204 厂和药厂签订协议，双方各自备料，停炉散热后一举完成了大修事宜。在锅炉维修中发现内管结满了垢，堵塞很严重，我急忙联系二分厂三车间去垢队伍。经三车间去垢后，效果很好，后来别的厂也请八二一厂去维修和除垢，如青川玻璃厂等单位。

我还千方百计地帮药厂推销药品，往三堆医院和八二一医院推销了不少黄连素、板蓝根冲剂、藿香正气水、益母草膏等。还帮我所分管的自然资源开发工作在川报上打广告向日本、巴基斯坦推销产品。包装制造野生干菜和蕨根粉条等取得较好的效益，自然资源开发公司被评为县先进单位。

在那扶贫的日子里，干了一些工作，也收到了一些效果，国防工办李书记打电话表扬我，“工厂下去的干部和机关下去的干部就是不一样”。我个人也被评为先进个人。这是我人生中的一次历练。

68

建设余热发电工程的回忆

杜铭海

《当代中国的核工业》一书多处提到生产堆热能利用的“余热发电工程”，我有幸参加这项工作，在核工业部及核燃料局的领导下，与设计、基建单位协同配合，完成了余热发电工程建设。

八二一工程是我国三线地区的抢建工程，因为“抢建”，决定不考虑发电部分，除堆本体外，回路与部分辅助系统的设计、布置有较大改变。因此多年来堆运行释放的热能排入江河，白白浪费了。

到了七十年代，世界上已经很少有单纯的生产堆在运行了。随着国民经济的调整与发展，我国能源日趋紧张，生产堆释热发电的技术改造问题提上日程。八二一厂于1980年初委托核工业部第二研究设计院进行可行性研究，10月，二院提出正式报告。报告对“余热发电”的可能性作出了肯定的答复，尽管原设计未留余地，但原有的工艺系统和设备不做大的变动，辅助系统稍作改造，堆出口水温提高到一定温度，发电功率可以达到上万千瓦以上。

1982年1月，核燃料局组织部内专家对八二一余热发电可行性研究报告进行审议，专家们一致认为，堆释热发电符合节能、综合利用能源的方针，技术上可行，经济上合理，对环境没有不良影响，应当将余热发电搞上去。1983年7月国家计委、国防科工委批准立项。核工业部将此项目列为重点改造工程，由二院和水电部西南电力设计院进行初设。

1984年3月，核工业部科技委在北京召开八二一余热发电工程初步设计审查会，张忱部长、周平副部长到会，部内外20多个单位的上百名专家参加审查。会议认为，八二一余热发电工程初步设计符合规定要求，建议上报国家批准进行施工设计。7月，国家计委、国防科工委批准设计任务书，确定工程的总投资和建筑面积，增加定员200人，力争1986年底建成，确保1987年上半年一台机组试车，年底两台机组并网发电。

余热发电工程于1984年9月正式破土动工，老系统改造、生产设备、人员培训和有关科研实验同时开展。配合发电工程，对原有的系统与设备进行了多项改造，如主泵、事故泵更换高温机械密封，更换高扬程的补给水泵，主工艺排风系统增容，主回路支吊架重新调整等。同时还进行了多项实验和检查，如燃料元件、工艺管发电参数考验、回路管道与设备在役检查，旧管道材质性能检验，应力测量和一、三回路运行方式实验等。其中元件、工艺管发电参数考验特别重要。整个考验周期，元件与工艺管运行无异常，各项技术指标在设计限值之内，为提高热工参数动力工况运行奠定了

余热发电模型

基础。

1986 年 4 月苏联切尔诺贝利 4 号机组发生爆炸事故，给余热发电工程带来极大冲击。7 月，陈肇博副部长率部内专家来现场检查，强调要确保安全。为接受苏联核电站的事故教训，我们对余热发电工程的各个环节进行了详细复查，采取多项技术安全措施，如增加回路管道泄漏监测系统，改进成群流量检测系统，增加事故水源、可靠电源系统防火隔离等，增强了应对意外事故情况的能力，防止恶性事故发生。

1987 年 3 月和 4 月，国务院专家检查组来现场检查，李鹏副总理来现场视察，对余热发电工程的安全性做了肯定的评价。

余热发电工程的土建工程进展顺利。1983 年 2 月，两个主厂房土方与基础完成，开始浇筑底板，6 月就已具备蒸汽发生器吊装就位的条件。但是安装工程进展较慢，直到 1987 年 2 月，主回路系统才开始水压实验，到 1987 年 6 月，第一台汽轮发电机才正式扣大盖。

国务院专委会决定八二一厂“停军转民”后，八二一工程被迫封存维护，余热发电工程转入整理收尾，仍然严格进行现场管理，保证工程的施工质量，基本建成余热发电工程，保留工程一旦运行即可发电的能力。

八二一余热发电工程是我国第一个建成的核能综合利用工程，在培养核电运行和基建队伍，积累建设经验方面有着十分重要的意义。

（写于 1988 年）

69

开创弱放废水处理先河

徐茂宏

八二一建厂初期，由于国内没有成熟的弱放水处理工艺，根据国外的有限经验，结合科研成果，曾选用凝聚沉降——离子交换工艺处理弱放水。但因八二一厂的弱放水比放高，成分复杂，采用上述工艺系统去污因素低，在生产中没有取得成功。1973 年又开展了蒸发工艺处理弱放水的研究取得了成功，并据此进行了工程设计和工程建设。1976 年经过生产运行考验，证明用蒸发处理弱放水基本上可行，但经过一次蒸发处理所产生的二次蒸汽冷凝液，尚有一半以上达不到排放标准，这部分二次蒸汽冷凝液再次蒸发处理费用太高。根据八二一当时的设备厂房状况，把离子交换工艺作为蒸发工艺的后续处理工艺。

离子交换工艺当时在医药、化工、食品、水处理、高纯水制备、放射性同位素提纯和天然铀的生产领域中已取得广泛应用。但能否用于弱放水处理尚无成熟的生产经验可借鉴，特别是放化厂房的地面冲洗水虽经一次蒸发处理，其二次蒸汽冷凝液中仍含有有机物、石油磺酸、碳酸根等易毒化离子交换材料的有害物质，就更增加离子交换工艺在弱放废水处理应用中的难度。

1978年，二分厂三车间开始调研和小型实验，选用了国产的缙云天然斜发沸石作为主要离子交换材料，辅以煤质活性炭、阳树脂、阴树脂。流程采用活性炭柱—沸石柱—混合树脂。经过半年时间的筛选，选择了较佳工艺参数，进行了生产规模的试运行，经过工程技术人员和工人的共同努力取得了成功，使运行费用降低至4元/立方米，是蒸发处理费用的15%。

沥青固化评审会

1980年以沸石为主要离子交换材料的离子交换系统正式用于弱放水处理，形成了蒸发—离子交换的工艺流程，经过处理的弱放水，可以100%达到国家排放标准。斜发沸石系统不仅用于处理蒸发产出的二次蒸汽凝液，还用于处理因蒸发器加热室泄漏污染了的加热蒸汽凝结水，效果更好。

这项新技术应用成果获国防科技委技术革新奖。1980年至1984年底，处理弱放水上万立方米，对治理“三废”、保护环境作出了贡献。斜发沸石还推广应用于事故井的放射性废水处理，并用于秦山核电站的工程设计。

（写于1988年）

70

一个清华学子的情怀

郑敬东

1994 年，年过半百的八二一厂总工程师李志新在重庆出差期间病倒，检查结果确诊白血病，紧急送苏州医学院治疗，不幸英年早逝。

李志新 1965 年从清华大学工化系毕业分配到四〇四厂，从事放射化学专业技术工作。1969 年 9 月到川北山沟参加八二一工程“三结合”设计。

在之后的工作实践中，他成天在生产现场“摸爬滚打”，把系统了解得滚瓜烂熟，说起来如数家珍。他提出并参与决策制定的工艺参数和改革创新 40 多项。1983 年任分厂副主任工程师。

左一为李志新

1978 年，某生产废液在管道中结晶，堵塞。李志新与厂领导亲赴现场处理。按照设计，管道有支管，支管上接阀门，阀门再接管子。事故处理预案是，从支管接高温高压蒸汽冲刷，使结晶体融化流动，堵塞情况消除。

遗憾的是，在事故处理时，高温高压蒸汽在融化结晶体之前，输入蒸汽的塑料管子撑破了，蒸汽外冒，带出去少许融化的废液。李志新和现场人员没有“及时逃离”，而是想办法关闭支管阀门以制止事态扩大，导致包括他在内的3名同志受到超剂量辐射，给身体健康留下隐患。事后，本该离开生产一线岗位的他，却又坚守了好几年，1990年4月到总厂担任副总工程师，才算离开生产一线。1990年评审正研级高工时，《退役清洗去污两循环总结》论文获得高度好评。1992年6月任八二一厂总工程师。

李志新逝于白血病，估计与他的工作不无关系。八二一工程设施退役和三废治理是他的未竟之事，在他生命垂危之际，他向组织提出请求：我作为八二一厂的总工程师，没有把八二一的核设施退役和三废治理完成好，死后请把我埋在厂区062的山坡上，我要看着战友们以及后来人把退役和三废治理继续进行下去，完成好。

李志新的格局与情怀，感染感动了许多人，如他的同事曲范山，也是事业重于一切的不怕死、勇于牺牲者，在安葬李志新时就说，我将来也要埋在这里给李总作伴。一语成谶，两年后，积劳成疾的曲范山在生产现场病倒，急送医院抢救无效去世，他的子女遵照他的遗愿把他埋在了李志新旁边，一起守护着八二一的核安全。

也许，现在的许多读者不能理解他们这样的心思与情怀。其实，那个时候许多人，都有这种视死如归的精神。电影《洪湖赤卫队》插曲就是最好的诠释：娘啊，儿死后，您要把儿埋在那山坡上，让儿的坟墓向东方，儿要看红军凯旋归……记得当年看电影时，看到这里，几乎所有观众都动了感情，泪流满面。

正是这种朗朗上口的革命歌曲，熏陶了当时人们的生死观、价值观，熏陶出了那代人的革命情怀与英雄主义，前赴后继、鞠躬尽瘁、死而后已。

71

专注机修的父亲

张　丽

我的父亲张永忠是省劳动模范，连续四年被省国防科技委评为“优秀共产党员”和“双增双节竞赛能手”，连续 15 年被评为厂劳动模范，连续 30 多年被评为厂优秀共产党员，他的事迹也被收入《四川英模录》。

张永忠

“学好技术，保障生产”就是父亲的初心。刚来厂时，厂房还在挖地基，主要的工作就是修路和学技术。修路对于退伍入厂的他们来说根本不是事儿，反倒是学技术难住了他们。父亲沉下心来，在笔记本上详细记录下师傅讲解的知识点，边记录边思考，不懂的问题做好记号，在修路途中或休息期间向师傅请教，他还经常缠着师傅讲解设备安装及检修知识。通过学习积累和参与设备安装，父亲掌握了生产设备的结构。一年后，一公司四车间开始生产，他已经能够独立负责设备检修工作了。凡是经他检修的设备都能保证运行周期，运行人员遇到设备问题时，都请他去检修。

父亲小时候家里非常穷，只读了高小，文化程度低是父亲最大的软肋。他主动请求车间技术员教他拼音和查字典。厂里办了夜校，父亲又主动报名参加学习。下班后，去夜校上课是他最快乐的。在我的记忆中，父亲总喜欢在他那台视如珍宝的“迷你版”台虎钳上夹着工件，时而锉锉、时而凿凿……那台非常精致的台虎钳是他练手阶段的纪念品，也是他在家提升技能的操作台。父亲经常秉灯夜读，练就了很强的自学能力、钻研问题和解决问题的能力，先后参加了40余项技术革新，其中14项获得厂科技成果奖。

为了节约检修堆的时间，每遇到停堆卸料时，分厂就要召开动员大会开展“大会战”，组织其他车间检修人员去抢修。四车间职工本身不直接接触放射性，也不享受保健。关键是要保障本车间设备安全运行的前提下，利用休息时间去检修，自然没人愿意去干。而父亲觉得作为党员就没有说“不”的权利，每次都是主动请缨与从事堆本体检修的专职人员一起拆塔阀、换工艺管。

1990年下半年，车间用于设备检修的5T吊车电动葫芦的传动装置坏了，因缺备件一直不能修复。父亲心急如焚，他向领导提出自己的技改方案并拍着胸脯立下军令状，经过多次试验改进，成功将设备维修好，保障了车间安全运行，这台设备一直平稳运行到父亲退休前两年。

1992年，因生产转型需要父亲调入金刚石车间，负责设备安装调试和生产工作。面对新的岗位、新的要求，父亲通过刻苦学习、钻研，很快掌握了金刚石生产工艺，胜任了金刚石生产设备检修工作。1993年，他通过了技师考试，聘为钳工技师，成为了一名名副其实的机械检修匠人。他保持匠人本色，同工人们摸爬滚打在一起。父亲是个闲不住的“大忙人”，他总会加班加点去帮忙检修。在四车间检修效率满足不了生产需要时，分厂领导将父亲调回四车间继续负责设备检修工作，保证气体生产。“那时，只有咱厂的气体产品质量高，广元市周边单位用气都是来我们厂购买，我们的产品都必须要提前预定的。”提起八二一厂的氧气、氩气，父亲总是满满的自豪感。

如今，年事已高的父亲时常告诫我和弟弟“是党和国家让我们有了饭吃、有了衣穿、有了房住。是八二一给了我们实现人生价值的舞台和无上的荣耀”。身为核二代的我们自当积极上进、知恩感恩，走好八二一的转型发展路。

72

余热发电和“小堆运行”

孙肇勤

八二一反应堆没有二回路，一回路的水通过热交换器冷却后，三回路水带走热量直接排到平溪河里，河面热气腾腾直冒白汽。

堆功率提高到测算最高水平后，八二一人并没有乐晕头脑、安于现状，而是想起周恩来总理早在1970年2月说过的一句话：“你们二机部不能光是爆炸部，要搞原子能发电。”经估算，反应堆余热足可以带动两台5万千瓦汽轮发电机。于是，积极向上级提出要利用反应堆余热发电。

1984年5月，经过国家计委、国家经委、国防科工委、财政部和建设银行正式下文批准，同意我厂建设两台5万千瓦余热发电机组。要求在1987年建成。

经过两年多的施工，一分厂搬迁了3个厂房，改扩建了7个厂房，眼看再过几个月工程就要建成，中国的第一座核电站就要在我厂诞生，八二一厂将由耗能大户一跃成为核电、火电、水电三电齐发的企业。而且，为了消化转化余热发电电能，紧锣密鼓地建设万吨电解铝厂。

作者（抬手）现场介绍

1987年中央北戴河会议决定：八二一军品停产。

于是，核电工程也就不了了之了。

军品停产消息来得“突然”，却也在意料之中。早在党的十一届三中全会以后，邓小平同志就对国防军工企业，提出了“军民结合，平战结合，军品优先，以民养军”的16字方针。所以，军品停产，发展核电，成为核工业转民的重要标志。1984年10月，我去承德，参加主管局召开的下年度生产计划预安排会议提出，工作重点转移到安全低耗、减少产量。于是，由主管局长徐德禄亲自坐镇，把各厂负责人找来一起商讨。八二一厂李定凡厂长和总经济师王戊辰，便赶来承德，一起就地编制了1985年的减产计划。回厂后召开厂务会讨论，请一分厂作具体安排。由于反应堆低功率运行涉及多种因素，是一个综合性课题，低功率运行，比满功率运行更难操作，也是对生产堆技术上的探索。会后，以钱剑秋总工程师为首的工程技术人员，根据反应堆控制理论，结合多年来的运行实践，终于制定出低功率运行方案，我们简称为“小堆运行”方案，满足了部提出的低功率生产要求。稍后我又陪钱总，去北京主管局，汇报小堆运行的具体方案，得到上级肯定。

73

张国平的“传奇”

郑敬东　李　强

张国平出生在福建省福州市一个平民家庭，6 岁半上小学，13 岁上初中，毕业于西安交大金相专业。

误认成当地老乡

张国平（中）

张国平同志 1970 年 8 月到八二一厂报到。刚开始，住在三堆区革委大院临时搭建的席棚子里，开山，修路，建房。当地气候冬天很冷，老百姓家里用火盆烧木炭取暖。所以，二队供应部门从外面运煤回来，给职工烧炉子取暖。一天，运煤车到了，国平同志兴高采烈爬上车去卸煤，供应部门负责人很礼貌地抓住他的手说，老乡，这煤不是给你们的，是供我们职工取暖用的，请你下车去吧！原来，衣着太像当地老百姓、干活干得已经不是“细皮嫩肉”的国平同志被那位负责人误当“老乡”了！

外出实习差点被留下

1971 年 4 月，他被安排到大连 523 厂去学习电焊实践操作。他们那个小组 4 名大学生，其他 3 位是学焊接专业的，只有他转专业的，但经过半年学习，他的操作水平却是第一。回厂后，又被安排到四〇四厂进一步实习，那里的师傅有曾经苏联“老大哥”严格培训出来的顶级高手。半年后，参加四〇四厂一次高难度检修时被他们分厂副总发现并且看上了，居然动员国平同志留在四〇四厂，不回八二一了。八二一的领导得到信息后，赶紧采取措施，把国平同志请回来了。

成医学研究重点对象

由于基建时期施工的疏漏，某“呼排管”伸到了某设备室的排风孔内，使排风系统受到放射性污染。1979 年，分厂决定解决这个问题。方案是在“呼排管”下方用电焊方法熔化出小孔，让放射性液体流在设备室内，而不被吸入排风系统。2 月 22 日下午两点，原本已经办好外出疗养手续的张国平，主动替年龄比较大的魏师傅承担这项风险很大的操作。张国平穿戴好笨重的气衣、特殊口罩、面罩等防护用品，拿上器具，在管架上艰难地爬行到操作地点，一只手和双脚倒扣在管架上，右手拿电焊把去触击“呼排管”底部。不到一分钟任务完成了，但意外也发生了——电火花飞溅，烧破了气衣袖口，在气衣内喷薄而出的氧气助燃下，原本保护脸部的有机玻璃面罩一并燃烧，国平同志面部被严重烧伤，剧烈疼痛，身体重重地跌落到地面上，当时地面有超过100毫米深的强放液体。

在上面监护的李定凡同志闻声从管架上爬过来救援，把脚伸下去，让张国平抓住，企图把他拉上来未果。另外一位监护人李循发同志从楼梯下到地面，连推带扛，把张国平同志救出设备室。张国平处于昏迷状态，被紧急送到职工医院职业病科，医生护士从未见识过这样的“放射源”病人，束手无策，没有人敢靠近，也没能及时采取急救措施，直到后半夜才送入病房，注射“促排”药物，仍然没有做体表去污等措施。第三天，核工业七所及附属医院医疗小组赶到才开始真正的诊疗。从此，张国平成为我国核医学领域专题研究重点对象。

上任总经济师

1981年4月，已被判定不能再从事放射性工作的张国平奇迹般“重生”。不过，他的容貌已发生惊人变化，瘦削、脸黑，左耳廓没有了，手腕上疤痕永驻，不是很熟悉的人，难以认出。但是人们很快发现，张国平同志乐观开朗的心态没有改变，孜孜不倦学习的劲头没有改变。1982年，他被任命为厂工会副主席。1984年，竞选为厂民品开发处处长，从此开始“跑”支柱民品立项审批工作，如五洲电解铝厂项目就盖了136枚公章。张国平后来被任命为总厂总经济师。

1992年，八二一厂民品项目已经完成立项和基本建设任务，转入投产、调试和生产运行阶段，争取尽快达产多盈利。此时厂部准备搞新项目——铝型材厂。不久，铝型材厂立项，张国平同志改任党委副书记兼纪委书记，同时兼任铝型材厂长。张国平走马上任铝型材厂长，采取乡镇企业管理模式，招收 60 名员工，因陋就简干起来。他摸索并且总结了“五边工作法”——边基建、边安装、边培训、边生产、边销售，1993 年 4 月 25 日，铝型材厂生产出合格铝合金棒，旗开得胜，鼓舞了全厂转民士气。

任工业副市长

1994 年，当地市政府换届，派考察组到大型企业考察、选拔工业管理人才担任主管工业的副市长。考察了张国平的情况后，考察组成员一致推荐因工烧伤“其貌不扬”的张国平同志。国平同志离开企业的那天，走到厂办公大楼与同志们告别，整个大楼里的人几乎都出来了，深情握手，依依作别。

在市领导岗位十年，主管的工业经济、基础设施建设、对外开放以及总工会工作都获得领导和群众好评，给“八二一人”赢得了荣誉。

74

赵吉理扳掉8颗门牙

郑敬东

那是1978年前后，上级下令对反应堆数十根装料工艺管进行“考验”。车间、分厂都认为风险太大，建议减少“考验”根数。但是，厂里同志说，这是上级的命令，必须执行。

执行过程中，真的出了问题。于是，分厂领导跑到反应堆大厅二楼现场讨论。这个时候，分厂杨副总工程师与车间主任赵吉理、副主任崔承芗下到一楼实地观察。赵吉理是以“工农兵学员”身份上过清华大学的，凡事喜欢自己动手干。于是，他招呼杨副总配合他摆弄一根高压水管。可能是杨副总没有听见，径直上楼去了。于是，他自己动手摆弄，结果，被高压水管一个“龙摆尾”，瞬间把他弹出一米开外，掉进了料斗水池。这个不锈钢料斗水池直径十多米，里面水深五六米。反应堆卸料就卸在这个水池里，用水屏蔽放射性，水里放射性量多大，可想而知。人下去根本爬不上来。还好，他在清华大学学会了游泳，所以，没有沉下去。

崔承芗眼疾手快，赶紧把聚光灯搬来“送光明”，发现有一根设备电缆在池水中，于是赵吉理按照崔承芗指的方向游过去，抓住电缆，攀爬到某个设备上得以脱险。

从左到右依次为崔承芗、赵吉理、程宗武

赶紧换上干衣服，去洗澡间清洗。车间副书记程宗武找来理发推子，把他的头发全部推光；党委书记李锋找来最好用的剃须刀，把眉毛胡子还有周身的毛发“一扫而光”。而且，反反复复地刮，甚至刮得皮肤都要出血了。

经检测，牙缝里面的放射性物质也大大超标。于是，难以想象的“奇迹”发生了，他竟然自己用手扳掉了上下 8 颗门牙，鲜血直流！

后来某天上午，我遇到赵吉理，与他谈门牙的事情，他说几个牙原本就不太好，所以就干脆扳掉，想把牙缝里面的污物去掉。

许多普通人就是这样的，值得尊敬，倒是谈不上英雄。赵吉理今年 86 岁了，每天还骑辆自行车，精神得很。

75

职工医院情结

郑敬东

八二一职工医院创建主要由湖南长沙415医院分出的部分人员担当。据退休多年的原八二一医院职业病科主任杨惠民医生说，第一天领导谈话，第三天咱们就出发，由415医院革委会委员李叙佩带队，后勤有刘彦益、张文德。杨医生本人是医生代表，4位同志1969年5月26日到四川昭化。8月就借宝轮区医院病房、病床收治病人。10月迁宝轮荣校开设病床110张。1973年7月迁八二一厂生活区医院，床位167张。1983年扩建住院部大楼，病床达223张。1970年，配备了从日本进口的遥控式1000型500毫安x光机和（日本）256型B型超声波诊断仪等先进设备。

八二一医院

八二一职工医院的医生，利用业余时间上山采药，无偿给医院，给职工治病，这个优良传统，中医科一直坚持，直到2000年前后的某个双休日下午，我还亲眼看见中医科主任冯世荣带着他的同事们采药回来。

八二一职工医院中医科“创业者”是华其敏。华其敏医生非同寻常，他不但耐心听病人说病情，开处方时还“征求”病人的意见，说他的处方思路，好像在与病人商量。

后来，作为八二一医院副院长的中医华其敏调回老家去了。但中医科的医疗作风一直“薪火相传”。印象最深的是冯世荣医生连续许多年都被评为八二一厂劳动模范。

大约是1992年，我父亲突然大便有血。以前在老家多次发生，没有查出原因，还以为是痔疮出血。在八二一厂医院观察室输液止血以后，医生安排做肠镜检查，结论是结肠有溃疡导致出血。我找中医冯世荣医生给父亲治疗。他全神贯注地号脉，反复看舌苔与喉咙，询问病情与肠镜检查结果，然后才开处方。只开了两副中药，父亲的病就痊愈了，以后再没出现过大便出血现象。直到2006年去世前，他都经常对人讲八二一医生给他治病的故事。

八二一厂职工医院声名远扬。附近区县的“头面人物”都喜欢来八二一厂职工医院看病。附近老百姓有个说法：再凶险的疑难杂症，只要经过八二一医院治疗，就是死了也没啥埋怨的。

到1987年，八二一职工医院门诊240.4万人次、住院2.8万人次，还义务地给地方派出医疗队128人次、诊疗病人7 000余人次、施行手术626人次，培养赤脚医生203人。

76

我的保卫工作经历

潘雪仁

上世纪六十年代末，在毛主席三线建设要抓紧的指示下，为了让他老人家睡好觉，全国从各地抽调了大批干部和工人来到川北抢建八二一。二机部先从有关企业抽调若干骨干先行，后从机关各抽调部分干部，以“出差”名义到四川广元参加工程建设。就是在这种情况下，69年4月，我从湖南的415医院来到了八二一。

到达现场后，军管会代表组建了八二一工程现场指挥部，二机部派马正一同志担任主任，下设生产、财务、保卫等几个小组。保卫组后来又分为人民保卫组和工程现场保卫组。工程现场保卫组的负责人是张贵昌，我所在的人保组负责人是满稼琮和杜洪钧，满稼琮是北京下派干部，杜洪钧担任过山东临沂县副县长和县公安局长。还有劳蕴艺、王荣和、李德胜、李悌文、陈治明、王国瑶、马永海、张炳春等同志都来自全国各地……

当时广元县的老百姓知道要在这里建一个大工程，尤其是宝轮三堆，很短的时间就集结了大批建筑工人。各种车辆、机械设备、建筑材料通宵达旦、不分昼夜运入现场，当时还很闭塞的三堆一下就变的人声鼎沸、一派热闹非凡的景象。

公安分局合影

69年10月10日，工程建设正式开工。从那以后，机械的轰鸣伴随着隆隆的开山炮声、夜以继日的施工队伍和川流不息的车辆，火热沸腾的场面给当时所有人都留下了终身难忘的记忆和永不磨灭的印象……经过数年的拼搏，八二一工程建成投产。据说八二一厂的建设速度，在国内是一流的，为此得到了中央领导的肯定和表彰。

建厂初期，保卫工作复杂艰巨。首先，根据要求落实警卫方案、布建警卫哨点。我们与驻军领导密切联系，落实了营部和各连队的驻地。还与警卫部队领导实地踏勘厂区要害部位和重要岗位，根据实际需要确立警卫目标和岗哨的分布，使821重点目标和要害部门置于武装守卫的范围。

由于部队也是初来乍到，生活和勤务工作难免有不少实际困难，我们则积极向领导汇报和反映，加强与部队的联系，尽可能及时解决问题。在工作鼎盛时期我厂警卫部队1个营部、3个连队，共22个哨位，很多生活和勤务问题都是我们保卫部门向上级领导沟通和协调，基本保证了勤务和警卫方案的落实。

为了加强现场保卫工作，我们积极与当地公安取得联系、建立良好工作关系。建厂初期我们的保卫工作面临很大的外部压力，当时还处在文革时期，地方上的武斗尚未结束，以阶级斗争为纲的口号还时刻响起。随着八二一工程建设，三堆周边短期内大量人员聚集，有很多闲散无业人员来到此地，一部分“地富反坏”也觊觎着工程建设，治安形势一度非常复杂。而我厂的保卫工作当时隶属四川省公安厅，有些鞭长莫及。实践经验证明保卫工作是离不开就近公安机关的，所以我们在尊重省厅领导外主动与县公安局取得联系，争取帮助和指导。当时的三堆区没有设派出所，仅有一名公安特派员。“知己知彼，百战不殆”，要保卫企业的安全，首先要了解当地的敌情、社情。当时三堆的公安特派员梁兴洲是个老公安，非常熟悉本地情况，“地富反坏右”等一些人物都在他的掌控之中。所以我们积极主动和梁兴洲联系，建立了良好的工作关系，了解到很多有助于我厂保卫工作的信息。当时查破的很多案件都是我们与地方公安通力协作完成的。1983 年，厂保卫部门还有力配合了当地公安机关开展的“严打”斗争，并在我厂范围内召开了数次规模较大的公捕公判大会，有力震慑了内部及周边的违法犯罪分子，维持了我厂治安秩序的稳定。

在抓好保卫工作的同时，我们积极发挥企业消防力量的作用，实现厂、社联防。我厂的消防队是从四〇四整建制调来的，人员编制、设备配套齐全，一到现场就形成了战斗力。消防工作历来是保卫业务的一个重头戏，我们到厂后立即开展了防火、灭火教育，深入基层查找隐患、解决问题。记得是 70 年代初，三堆老街上发生大火，街上的民房基本都是木结构，缺水严重，我们及时参加，共同扑灭了大火。这次火灾为当地政府敲响警钟，希望我厂将三堆街道纳入消防范围。厂里接到地方求助后，我们实地考察后认为当时主要问题是街面狭窄，没有汽车进入的通道。经过厂社共同努力，一条从团结大桥可直接开进三堆老街的道路应运而生。这条道路所占的土地，基本是村民让出的自留地，可见当时的民风多么质朴。

随着自八二一厂投产，偷拿和盗窃生产物资的案件时有发生。更为严重的是由于周边村民的无知，破坏和盗窃要害部位的阀门、管线、零配件等生产设施，甚至造成了严重后果。为了确保核安全，建立一支专业公安队伍已经迫在眉睫。我们积极地向上级党委提交报告，阐明建立专业公安机构的必要性和紧迫性。1985 年 1 月，四川省公安厅《关于八二一厂建立公安分局的批复》宣告了一支专业的公安机构终于在我厂诞生。伴随着 1985 年广元建市，广元市公安局一分局在八二一厂保卫组织的基础上挂牌成立。

公安分局成立后，发生在企业的各类违法犯罪案件得到了及时的打击和处理，周边村民破坏和盗窃生产设施的案件得到了有效的遏制，八二一厂的生产、生活秩序得到了有效的维护，当地社会治安呈迅速好转趋势。

1993 年 7 月，我脱下了警服、离开了我热爱的工作岗位光荣退休了。但公安保卫系统确保国家核安全的大业任重道远，肩负的使命也更加艰巨和光荣。我也深信：八二一的明天会更好！

77

研制放射性药盒

李长生

20世纪80年代，国家号召三线军工企业军转民。为响应国家号召，二机部给八二一厂下达了研制、生产医用放射免疫检测试剂盒的任务。厂领导决定成立“医用放射性同位素研究所”并由厂职工医院牵头实施。当时八二一医院领导指定由我负责组建该研究所，并下达了4个研究项目：甲状腺素T4放免试剂盒、三碘甲状腺原胺酸T3放免试剂盒、甲胎蛋白放免试剂盒、绒毛膜促性腺激素（HCG）放免试剂盒。

1981年3月，开始组建实验室并培训人员，先后购置了低温高速离心机、电泳分析仪、质谱仪、层析仪、超净试验台等必备基本设备，同时到北医、北大医院、中国医科院、中山医大华山医

院、华西医院等调研并培训了齐玉霞、潘文琴等主要技术人员。同年8月建立了试验动物室、培育了试验动物，在厂领导和院领导的支持帮助下，通过全体工作人员的努力，短短的8个月基本上具备了试验研究工作条件。

1981年底正式进入课题研究阶段。当时国内放射免疫分析技术还处于刚刚起步阶段，没有什么成熟的经验可以借鉴，尤其是免疫抗原的放射性标记技术和高活性、高特异性抗体的制备技术难度较大。

科研小组经过了几百个日日夜夜上百次的实验研究，解决了一个又一个的关键技术和难题终于成功地制备出高比活度、高纯度的碘-125标记抗原和具备高滴度、高灵敏度、高特异性的单克隆抗体。

大约用了1年半的时间，截至1983年6月相继完成了T3放射免疫分析试剂盒、T4放射免疫试剂盒、AFP（甲胎蛋白）放射免疫试剂盒和HCG放射免疫试剂盒的研制任务，并相继完成了医院临床诊断符合率的鉴定工作，完成了批量生产的程序设计，移交给二分厂投入生产并销售到全国各地医院，取得了很好的经济效益和社会效益。当时获得了二机部新技术二等奖1项、新产品技术二等奖2项、新产品技术三等奖2项。

78

我的教学生涯

饶晓阳

我 1963 年高中毕业，被安排在村小教书，负责三、四年级复式班，上半节三年级上课、四年级做作业，下半节三年级做作业、四年级上课。

1975 年我奉调来到八二一厂。当时八二一厂除幼儿园中小学外，还有技工学校和职业高中。小学校开始就一个，后来分成两个，我在第二小学教高小。良好的教学氛围，自然地形成了“竞争”——看全市的统考成绩。

我注意初小到高小的“跳跃式”变化。每当我接受新的班级，不是急于进行新知识的教学，而是首先摸底测验，然后“填平补齐”，反复测验，满意为止，一般进行半个月。如果遇到个别学生相差太

教师合影

多，我就主动上门补课，推动他们快速跟进。当时有个叫王荣的学生，来自 23 公司，我采用这种办法推动他赶了上来，后来到高中时还成了数学课代表，使我感到非常欣慰。

每节课我要出一些课外练习题，分成难易两类，不强求完成。下次上课的时候，对课外练习题进行重点分析讲解，让学生看我的解题思路与方法，开阔思路，逐渐培养起了学生的学习兴趣。再后来就给学生出一些兴趣题，组织兴趣小组，让一些学习成绩好的学生走在前面 。

学生就像自己的孩子，只要对他们关爱，他们也会拼命努力融入集体之中，使整个班级整齐地前进。记得有一年，我身体出了点问题，但我不愿放弃对学生的教学，以至于晕倒在课堂上。休息了一会儿又继续讲课，学生们很感动，决心以好的成绩来报答我，当年在全市统考中，全班平均数学成绩 94.6 分，获得全市冠军。

79

母校祭

张 波

父母都在供应处工作，我的学生生涯是从供应处小学开始的。母校最初是建在一面荒坡上，几排席棚和一块不足半个篮球场大的凹凸不平的黄泥巴操场，还有吊在歪脖树上的一块锈迹斑斑的生铁。每当那块生铁被咣咣敲响，散布在操场和荒坡上的孩子们撒腿往席棚子教室跑时，总让我想起电影《地道战》里鬼子进庄时的情景。

我身着黄衣蓝裤，背着母亲头天夜里才缝制好的蓝布书包，跟在母亲身后第一次走进母校的时候，不知为什么，一向十分顽皮的我，紧张得走道都有些左手左脚的。老师问话的时候，我更是满面通红，不知如何回答，只是用手不停地搓捏着衣角，两条鼻涕却在此刻不合时宜地从鼻管里溜了出来，令羞怯不堪的我更加不知所措，就在这时，老师迅速掏出纸把它仔细地擦拭掉了，同时也把我的拘谨一下释解开了。如今几十年过去了，老师当年的那一举动一直萦绕在我的脑海里，并渐渐定格为对母校最初的印象，浓缩成对母校深切的怀恋。

母校虽然简陋，在我的记忆里却充满了欢乐和温馨。

我入学后不久，母校就经历了第一次搬迁，校舍由席棚变成了木板房，然而坐在里面，仍旧冬天寒冷，夏天酷热。条件虽然艰苦，师生们的教学热情却十分高涨，琅琅的读书声不绝于耳，每个人的脸上都挂着灿烂的笑容。

在大家的共同努力下，克服了建校初期的种种困难，母校终于迎来了又一次搬迁，一次大发展的机遇。在一座推平的山头上，两幢红砖红瓦三层的教学楼和一幢二层的办公楼相继落成，操场不仅是水泥地面，而且比一个足球场还大出许多，学校砌了围墙，校门前挂上了 23 公司八二一厂联合子弟小学的牌子，师生人数一下子增加了一倍多，母校终于初具规模。第一次坐进窗明几净的教室，第一次面对不需要支架、宽大平滑的壁挂式黑板，心里甭提有多高兴。随着学生年龄的增长和师资力量的加强，学校又先后建起了初中部和高中部，成为一所中小学一体化的正规联中。

"文革"结束后，一时间，重视科学、重视教育蔚然成风，单位也在各方面加大了投入，特别是抽调了一批高素质人才充实教师队伍，母校进入了一个快速发展的时期。到 20 世纪 70 年代末，多年的努力和积累终于得到了回报，在恢复高考的头几年里，母校先后有八九名毕业生被高等院校录取。

辅导学生的教师

然而时过境迁，随着市场经济的发展，特别是国家对军工企业政策的调整，八十年代后期，母校又开始了第二次更为艰难的创业。不再享有天之骄子的荣光和全方位的支持，面对激烈的竞争，囿于计划体制种种羁绊下的母校，背负着沉重的历史包袱，因袭着许多陈旧观念，一时间举步维艰，尚未开始就已输在了起跑线上。教师退休后，年轻的人才难以引进，即使勉强来了，最终也大都“孔雀东南飞”。师资力量的匮乏，造成教学水平不断下降，加之23公司的迁走，更使母校雪上加霜。面对连续数年高考“剃光头”的困窘，不得已，母校相继裁撤了高中部和初中部，把职工子弟送到附近条件优越的中学去就读。如此举措对母校来说，是负责任的，却也是无奈和不幸的，但对那些被送出去的学童们来说又是幸运的，他们因此获取了更高水平的教育。不久，他们中间就走出了多名大学生。母校用自己的牺牲，成就了学生的未来。

此后，母校又苦苦支撑了数年，在经费、师资和生源等诸多困难的共同挤压下，去年秋天，在绵绵细雨和瑟瑟的秋风中，小学部的大门也“咣啷”一声关闭了。从此，母校终于退出了历史舞台。回望紧闭的校门，许多师生流下了伤心的泪，一些老师手抚被雨水浸湿的校牌，久久不忍离去……

母校的教师被全部安置到了厂中学和厂小学等相应的单位，她们很快从悲伤情绪中走了出来，在新岗位上开始了新的工作。一些年轻人因此拥有了更多的发展机会和广阔的施展空间，焕发出高涨的工作热情。从这个意义上说，母校并没有消亡，她又在另一个层面上新生了，而且是一次凤凰涅槃式的新生。

此刻，我徜徉在母校荒弃的操场上，回想母校创建、发展、鼎盛、衰落、奋争，直到关闭的全过程，不禁心潮起伏，思绪万千：母校的历史是不可磨灭的，她永远铭记在从这儿走出去的几代人的心里。

（写于2004年）

梦想成真

张　波

一

小时候最不愿意做的事就是烧火。燃料是木柴、煤炭，用的是普通铝锅，锅底烟墨又厚又脏。烧火时，炉里火太大，饭要烧糊，太小又容易熄。为此，常常呛得我直咳嗽，用手一抹，满脸黑灰。

孩童记忆

我读初二那年，厂里接通了天然气，配备了银白色的燃气炉，看着幽蓝的火苗欢快地舔着压力锅底，心里别提有多高兴了。现在，自己成家了，用的是节能高效燃气炉，“啪”地一拧，火苗直蹿，心里顿时美滋滋的。

二

看露天电影无疑是童年时的精神享受。那时我就想，要是天天能看电影该多好！第一次看一台 9 英寸的黑白电视，图像虽然模糊，但我仍瞪大眼睛看了一宿。后来，家里买了 14 英寸的彩电，父亲在房后竖起了很高的木杆，顶上绑着自制的天线，人小身轻的我，担负起了经常爬杆转动天线的任务。然而，转来转去收视效果仍然不理想。

20 世纪 80 年代初，厂里安装了闭路电视系统，电视的效果一下子好了起来，节目也多了，还有录像。那阵子，姿三四郎和李连杰几乎成了所有男孩子崇拜的偶像。现在，在自己的小家庭里，彩电早已是 29 英寸的，接收的节目也增加到了 20 多个台，厂里投资开通了中央台加密频道，儿时的梦想成真了。

三

1985 年去北京，真正体会到了寒风刺骨的滋味。然而回到招待所里，热烘烘的暖气使我紧缩着的身子一下子就舒展开了。外面是冰天雪地，屋里却温暖如春。就在那一刻，我对暖气产生了深深的好感。二十世纪九十年代初，厂里搞了热网工程。从此，漫长而又寒冷的冬季不再难过。没有暖气的冬夜里，最盼望听到那悦耳的声音，一定是送气时管道里“叭叭”的脆响。

四

1973年春的一个凌晨，邻居叫父亲过去接电话，说母亲刚刚在医院给我生了一个妹妹。从此，我再到邻居家玩时，看到桌上的电话机，便有了一种亲切而敬畏的感情。那时，厂里只有处级以上干部家里才能装电话，电话成了奢侈的象征。到父母的办公室玩时，总忍不住要伸出手去摸摸电话机，拿起手柄听听里面轻柔的拨号音。令我当初怎么也不敢想的是，现在自己家里也装上了一部电话。有了电话，亲戚朋友间的联系方便快捷了许多，真正有了世界很小的感觉。

过去的梦想实现了，新的梦想又不断地冒出来，电脑梦、汽车梦……我坚信，只要我们在深化国有企业改革的大潮中努力工作，所有的梦想都会成真。

（写于1999年）

81

心系八二一　初心永不忘

——写在建厂五十周年之际

程贵远

斗转星移，时光匆匆。八二一踏着坚实的脚步迎来了50周年。50年来，他陪伴我们走过了人生的每一天，记录着我们的成长和快乐。50年的八二一厂记载了一代代八二一人的青春和激情，承载了一代代八二一人的梦想与价值，传承了一代代八二一人的亲情和温暖。

回首50年的发展历程，那一幕幕的感人场景，一桩桩的感人故事，一串串的骄人数据，一项项的光荣盛誉，无不凝聚着一代代八二一人自强不息、艰苦奋斗、无私奉献、顾全大局、坚强不屈的企业精神，他将不断地激励年轻的八二一人奋力前行，不断憧憬美好的明天。

我是1970年跨入八二一厂的大门，融入到八二一的大家庭，成为了一名光荣的八二一人，心系核工业，奉献核工业，为企业的建设、发展、壮大作出了自己的贡献。作为一名为企业奋斗了近四十年的退休老职工，在建厂50周年之际，打开了我记忆的阀门，回首企业的历历往事。

转战西南，艰苦创业。六十年代末，在祖国“抢建三线”的号召下，近2 000名在西北戈壁滩上受过洗礼的“核城人”，拖家带口，转战西南川北深山峡谷中，同来自祖国四面八方的有识之士一道，在恶劣的自然环境中，艰苦的生活条件下，开启了第一次创业之路。他们以“自力更生、艰苦奋斗”的坚强意志，以“先生产后生活”只争朝夕的拼搏精神，开始了移山填谷、架桥修路、挖基建房，在短短的两年多时间里，修通了铁路、公路、桥梁，盖起了干打垒，建起食堂、学校、商店等。满载八二一人创业豪情和骄傲的大型核燃料基地拔地而起，耸立于山谷之中，随着生产的启动，厂房里、机器旁、仪表前，闪动着忙碌的身影，精心地进行着每项操作，努力地攻克着每一个难关，无数次调试、联动、探索、攻坚……生产出第一批合格军用产品，实现“达产达标、增产增收、限产增收”三个发展阶段的目标，超额完成了国家任务，年创利数千万元，先后获得了“大庆式企业、国家二级企业、省级先进企业”等荣誉称号50多项，实现科研、革新、技改4千多项，扬国威、壮军威，作出了历史贡献。

保军转民，二次创业。一九八七年八月，随着党和国家战略目标的转移，国务院作出了“八二一厂停产军品、转产民品”的重大决策。八二一人理解和服从了党和国家的重大决策，开创了艰苦的第二次创业。

确保核安全，是兴核强国、企业生产发展的生命线。一部分员工继续战斗在确保核安全的岗位上，继续履行着确保核安全的神圣使命，在资金投入不足，设备老化，缺陷增多，隐患增大的环境下，精心操作，精心守护，确保了“万无一失”。

转民品生产是一个全新的领域。一切从零开始，肩负着转民任务的干部职工在这个新的领域开拓进取，勤奋工作。一批又一批的开荒者，奔跑在崎岖的创业路上，战斗在火热的工地上，他们不惧困难，不畏艰险，踏着泥泞，披荆斩棘，风餐露宿，默默地奉献。先后建设了遍及祖国三省四市的五洲铝厂、广兴铝厂、成都铝箔厂、五洲铝型材厂、南海铝型材厂、五洲水泥厂、成都华西宾馆、合肥纺织纤维总厂等民品项目。时至1996年，一个跨省、跨行业，以“铝冶炼及深加工为主大型军民结合型企业”基本建成，分流安置近3 000名职工。然而，由于计划经济思想观念的束缚，市场观念、经营观念滞后，管理体制、管理模式，运行机制与市场经济不接轨，致使民品项目建成之时就是企业亏损之日，陆续实施了停车关闭，企业背负上了沉重的包袱，陷入了深深的困境之中，八二一人在市场经济大潮中步履艰难。

调整脱困，改革前行。深陷困境的八二一厂，得到党和国家的深切关注和重点支持，国家五部委提出了解决八二一厂脱困的意见，即在确保核安全的前提下，实施军民品分立，进一步精干军品生产主体，加快核设施退役和废物治理步伐，使之逐步建设成为主体精干，机制灵活，设施良好，运行正常的核设施退役和核废物治理专业化基地，加大改革脱困力度，对民品部分实行关闭破产，对职工进行异地安置。

按照国家的部署，八二一人步入了调整改革的必由之路，积极投入到改革调整的洪流中，克服了重重困难，突破了道道难关，齐心协力完成了社会职能的移交、民品项目政策性关闭破产、经济实体组建、人员分流安置、全员竞聘上岗、职工异地安置、五洲工业公司破产清算等，实现调整脱困目标，为企业轻装上阵、持续发展创造了条件。

2006年10月10日，“中核四川环保工程有限责任公司”揭牌成立，新的企业，展现出了新的面貌，围绕“企业化、市场化、专业化”的要求，朝着“打造世界一流国内领先的核环保企业”战略定位，坚持“核设施退役和放射性废物治理”的发展方向，按照公司制的运作模式，全力提升企业素质，各项工作呈现出崭新的面貌，生产运行稳定，在建项目有序推进，市场开发呈现新亮点，职工待遇持续改善，核安全得到有效保障，党的建设和精神建设成效显著，企业的凝聚力、向心力逐渐增强。近年来，先后获得了全国文明单位、集团公司先进单位、集团公司突出贡献奖、省先进基层党组织、省五一劳动奖状等荣誉称号。

八二一厂在艰苦的环境中诞生，在蜿蜒的道路上前行，在困难与挑战中成长，在八二一这块热土上孕育出了一代代不畏困难、不畏艰险、勤奋耐劳、勇于奉献、自强不息、开拓进取的八二一人。

五十年来，一代代八二一人传承着爱和奉献，怀揣青春不老的初心，为实现百年的企业梦，凝心聚力、乘风破浪，推动着八二一这艘巨轮在市场经济的浪涛中永续前行。